십대, 나를 위한 진로 글쓰기

십대, 나를 위한 진로 글쓰기

진로 글쓰기

임재성 지음

특별한서재

십대, 나의 미래가
불안한가요?

청소년기에는 많은 것이 불확실합니다. 해야 할 것과 하지 말아야 할 것의 경계에서 방황하는 시기지요. 고민과 방황을 어디쯤에서 멈춰야 할지 알 수 없는데, 나아갈 길을 찾기는 더 어렵습니다. 최첨단 기술이 발달하면서 수많은 직업이 사라지고 생겨나는 시대라 더욱 무엇을 어떻게 준비해야 할지 갈팡질팡합니다.

그러다 보니 부모님이나 주변에서 좋다는 것이 자신의 꿈이되어 버리는 경우를 많이 봅니다. 그 결과를 만족하며 받아들이면 문제가 없겠지만, 자신이 바라는 삶이 아니라면 그 대가는 오롯이 자신의 몫이 되고 맙니다. 후회하고 하소연해도, 책임을 전가해도, 그 삶은 여전히 자신이 살아 내야 합니다. 그래서 더욱 자신이 좋아하고, 원하고, 하고 싶고, 살아가고 싶은 삶에 대해 탐색하는 시간이 필요합니다. 앞으로 살아갈 삶에 대해 스스로 찾고 살피지 않은 꿈은 내 것이 될 수 없으니까요.

　나다운 꿈은 어떻게 발견하면 좋을까요? 인공 지능 챗봇인 '챗 GPT'가 단 몇 초 만에 내 인생의 길을 제시해 주면 좋겠지만, 그런 일은 가능하지 않습니다. 누군가가 제시해 준 것은 자신의 것이 아니니까요. 꿈은 오롯이 자신이 찾고 발견해야 합니다. 청소년기에 진짜 나다운 삶을 발견하는 방법은 글쓰기입니다. 글쓰기는 자신을 파악하고 꿈을 디자인하는 데 최고의 도구거든요.

　자아를 탐색하려면 내면을 깊이 들여다보아야 합니다. 그런데 요즘 청소년들은 너무 바쁩니다. 학교와 학원에 다니기도 벅찹니다. 잠시 쉬는 시간이라도 생기면 스마트폰으로 친구들과 소통하거나 좋아하는 콘텐츠를 찾아보기도 바쁩니다. 게임까지 하게 되면 자신을 성찰할 짬조차 마련하기 어렵습니다.

　그래서 글쓰기가 필요합니다. 글을 쓰려면 오롯이 자신과 마주해야 하잖아요. 자신의 생각과 마음을 살펴야 글을 써 내려갈 수 있습니다. 특히 진로 글쓰기인 '미래 자서전'은 스마트폰을 검색하듯이 자신을 살펴서는 한 줄 쓰기도 어렵습니다. 자신이 85세가 되었다고 가정하고, 미래의 관점에서 꿈을 이룬 모습을 회상하며 쓴 글이 미래 자서전이니까요. 태몽부터 유언장까지 한평생을 자서전 형식으로 써야 하므로 자세히 꿈꾸고 구체적으로 인생 로드맵을 그려야 삶을 풀어낼 수 있습니다.

있는 그대로의 삶을 글로 적으면 아픈 마음을 치유할 수 있습니다. 주위를 둘러보면 마음이 아픈 청소년이 많습니다. 이들은 마음이 건강하지 않아 행복한 오늘을 보내지 못하고 있지요. 또래 친구들에게 고민을 털어놓거나 상담실 문을 두드리는 것도 좋습니다. 하지만 서사敍事를 따라 글을 쓰는 미래 자서전이 치유에 더 적격입니다. 많은 청소년이 미래 자서전을 쓰면서 치유를 경험하고, 진짜 자신의 삶을 향해 나아가고 있습니다.

미래 자서전을 쓰면 글로 풀어낸 삶이 오롯이 자신의 인생이 될 수 있습니다. 글을 쓰면서 내재된 간절한 바람이 삶에 열정을 쏟아붓게 하고, 결국 바라던 삶을 이룰 수 있게 됩니다. 실제로 원하는 삶을 글로 쓰고 직접 이룬 사람들의 이야기는 많습니다. 이 책이나 다른 책에서도 소개되고 있으니 여러분도 기대하며 미래 자서전을 써 보기 바랍니다.

청소년들이 한평생을 글로 풀어내는 일은 쉽지 않습니다. 그래서 이 책에서는 자아 탐색, 미래 탐색, 성공적인 인생을 사는 전략을 효과적으로 설계할 방법을 제시했습니다. 또한 꿈꾼 삶을 글로 잘 풀어낼 수 있도록 글쓰기 기술도 기초부터 심화까지 자세히 수록했습니다. 이 내용을 차근차근 따라 하다 보면 자신만의 인생 책이 완성될 것입니다.

지금도 자신이 누구인지, 어떻게 인생을 살아가야 할지 고민하고 있다면 이 책에서 전하는 대로 한번 시도해 보기 바랍니다. 꿈을 디자인하고 글을 쓰다 보면, 자신이 누구인지 알게 되고 행복한 인생을 살아갈 토대를 마련하게 될 것입니다. 그러면 불확실한 미래도 설레는 마음으로 준비하고 살아갈 수 있을 테니까요.

차례

Part 1

'진짜 나다운' 삶을 위해
– 자아를 탐색하는 시간

Step 3   실전! 나만의 미래 자서전 쓰기

'진짜 나다운' 삶을 위해

– 자아를 탐색하는 시간

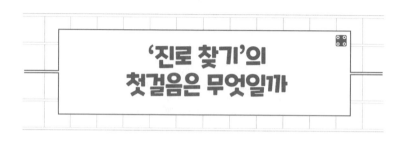

'진로 찾기'의 첫걸음은 무엇일까

2017년 4월, 사회적으로 반향을 일으킨 다큐멘터리가 방영되었습니다. 바로 〈SBS 스페셜 - 대2병, 학교를 묻다〉입니다.

'대2병'은 대학교 2학년이 '앞으로 어떻게 살아갈까?'를 고민하다 생기는 무력감을 의미합니다. 대학교 2학년 때 전공 공부를 해 보니 자신이 원하거나 잘하는 것이 아님을 발견하고 느끼는 감정이지요. 졸업하면 먹고살 수는 있을지 걱정하는 마음이기도 합니다. 즉, 미래에 대한 불안감 때문에 자신감과 자존감이 밑바닥을 찍은 상태인 것입니다. 자신이 좋아하거나 원하는 것보다 성적, 부모님의 권유, 안정적인 직업에 관심을 둔 결과라고 볼 수 있습니다. 자아 탐색 없이 진로를 결정한 후유증이지요.

진로를 설계하는 과정은 내비게이션으로 경로를 탐색하는 것과 비슷합니다. 부모님이 자동차에서 목적지를 향한 경로를 탐색하기 위해 어떻게 하는지 본 적이 있을 것입니다. 내비게이션에 목적지를 입력하면 다양한 경로가 나옵니다. 그중 가장 적합한 경로를 선택하면 그때부터 내비게이션이 어디로 가야 할지 구체적으로 길을 안내해 주지요.

하지만 포털 사이트에서는 목적지만 입력하면 경로 탐색이 되지 않습니다. 반드시 출발 지점과 목적지를 입력해야 경로 탐색이 시작되지요. 자동차에서는 인공위성이 현재 위치를 자동으로 인식하기에 입력하지 않아도 되는 것입니다.

많은 사람이 진로를 설계할 때 자동차 내비게이션으로 경로를 탐색하는 것처럼 합니다. 현재 위치에 대한 깊은 이해 없이 도착하고 싶은 목적지에 더 관심을 둡니다. 자신이 무엇을 좋아하고, 하고 싶고, 이루고 싶은지 깊은 탐색 없이 훗날 무엇이 될 것인지 생각하는 것이지요. 그러다 보니 원치 않는 경로로 접어들어 헤매거나 어디로 가야 할지 몰라 속상해하는 경우가 많습니다.

파울로 코엘료의 소설 『연금술사』는 청년 산티아고의 삶을 통해 꿈을 믿고 그것을 실현하는 여정을 이야기합니다. 양치기 산티아고는 인생의 길에서 어디로 가야 할지 고민할 때마다 어떻게 삶의 방향을 정했을까요? 그 단서가 다음 글에 숨어 있습니다.

"난 어떻게 미래를 짐작할 수 있을까? 그건 현재의 표지들 덕분이지. 비밀은 바로 현재에 있네. 현재에 주의를 기울이면, 현재를 더욱 나아지게 할 수 있지. 현재가 좋아지면 그다음에 다가오는 날들도 마찬가지로 좋아지는 것이고."

그러면서 표지의 의미를 이렇게 전합니다.

"그대의 마음에 귀를 기울이게. 그대의 마음이 모든 것을 알 테니. 그대의 마음은 만물의 정기에서 태어났고, 언젠가는 만물의 정기 속으로 되돌아갈 것이니."●

먼저 자신이 어디에 있는지 아는 것이 중요하다는 뜻입니다.

4차 산업 혁명 시대를 뷰카VUCA의 시대라고 부릅니다. 변동성Volatility, 불확실성Uncertainty, 복잡성Complexity, 모호성Ambiguity의 첫 글자를 딴 용어입니다. 하루 앞을 예측하기 힘든 상황에 놓

● 파울로 코엘료, 『연금술사』, 문학동네, 2001.

인 것이지요. 학생 때 설정한 경로가 과학 기술 발달로 없어지기도 하고, 다양한 새로운 경로가 생기는 시대입니다.

정해진 것이 없고, 모호하고, 복잡한 시대 속에서 의미 있는 진로를 설계하려면 먼저 자신을 제대로 아는 것이 중요합니다. 자신을 제대로 알아야 도달할 목적지도, 그곳에 도달할 경로도 효과적으로 탐색할 수 있기 때문입니다.

자신을 알 수 있는 도구는 정말 다양합니다. 그중에서도 글쓰기는 자신을 이해할 수 있는 아주 좋은 도구입니다. 자신의 삶을 글로 쓰다 보면 자신이 누구인지 알 수 있고, 앞으로 살아갈 방향도 설정할 수 있으니까요.

진로를 찾는 첫걸음은 자신을 제대로 아는 것입니다. 이제부터 글쓰기로 자신을 제대로 이해하고 무엇이 되고 싶은지, 어떻게 살아가고 싶은지 알아볼까요?

선생님, 질문 있어요!

Q
학생

선생님, 심리 검사랑 성격 검사 등 다양한 검사를 해 봤는데요. 제가 뭘 잘하는지, 뭘 좋아하는지 모르겠어요. 너무 답답해요. 이럴 때는 어떻게 해야 할까요?

그래도 자신을 파악하기 위해 노력을 많이 했네요. 하지만 검사만으로는 꿈을 찾는 데 한계가 있어요. 검사 결과는 두루뭉술하게 이야기해 주기 때문이지요. 자신이 좋아하고 잘하는 것을 파악하려면 먼저 자신을 잘 들여다보아야 해요. 그래서 자신에 대해 글을 쓰는 것이 좋답니다.

A
선생님

'나'를 아는 건
오직 '나'뿐이다

사람들은 자신을 파악하기 위해 다양한 심리 검사를 많이 활용합니다. 성격 유형, 기질, 다중 지능, IQ, 강점, 진로 적성 등의 검사가 있지요. 특히 요즘에는 MBTI로 성격을 많이 파악합니다. MBTI가 자신과 타인을 이해하는 데 효과적이라고 생각하기 때문일 것입니다.

심리 검사는 자신을 알고 이해하는 최고의 도구입니다. 하지만 단점도 있지요. 검사 문항을 이해하지 못하거나 당시 기분에 따라 척도가 다르게 나타날 수 있습니다. 속마음을 드러내기 싫어하면 더욱 자신을 파악하기 어렵습니다. 전문가와 상담할 때도 당시의 기분이나 마음 상태에 따라 다른 결과가 나옵니다. 이런 부분까지 예측해 검사 문항을 만들고 상담하지만, 자신을 온전히 파악하는 데는 한계가 있습니다.

　많은 청소년이 자신을 알기 위해 외부에서 답을 찾으려고 합니다. 전문가를 찾아가기도 하지만, 부모님에게 묻거나 선생님이 이야기해 준 것을 자신으로 생각할 때도 있습니다. 마땅한 답을 찾지 못하면 친구에게 물어보기도 하지요.

　하지만 누군가가 이야기해 준 내용으로는 자신을 온전히 알 수 없습니다. 심지어 자신을 낳아 준 부모님에게서도 명확한 답을 얻을 수 없습니다. 자신을 이해할 수 있는 힌트 정도는 발견할 수 있을 것입니다. 그 힌트를 진정한 자신이라고 믿고 살아가다 인생의 태풍을 만나면 그때 비로소 깨닫게 됩니다. 누군가가 이야기해 준 것이 진짜 자신이 아니라는 것을 말이지요.

　아우구스티누스는『고백록』에서 "밖으로 나가지 마라. 그대 자신 속으로 돌아가라. 인간 내면에 진리가 자리 잡고 있다."라고 말했습니다. 자기 내면을 들여다보아야 진짜 자신을 알 수 있다는 의미입니다.

　헤르만 헤세의 소설『데미안』에도 같은 의미의 메시지가 있습니다. "알은 세계다. 태어나려는 자는 하나의 세계를 깨뜨려야 한다."는 누군가가 깨뜨려 줘서가 아니라 스스로 깨고 나와야 자신이 원하는 삶을 살 수 있다는 의미입니다. 자신을 아는 길은 자기 내면에 있고, 스스로 발견해야 한다는 뜻이기도 하지요.

　사람은 서사敍事가 있어야 자신을 알고 이해할 수 있습니다. '서사'는 어떤 사건이나 상황을 시간의 연쇄에 따라 있는 그대로 적는 것입니다. 인물의 행동 변화 과정을 시간의 앞뒤 흐름에 따라 이야기하는 서술 방법이지요. 자신이 이 세상에 오기까지의 과정, 이 세상에 와서 살아온 이야기를 시간의 흐름에 따라 쓰다 보면 자신이 누구인지 알게 됩니다.

　서사의 방식으로 자신의 인생을 설계하는 글쓰기가 바로 '미래 자서전'입니다. 자신이 85세가 되었다고 가정하고, 꿈이 이루어진 것처럼 서사를 적기 때문입니다. 미래의 관점에서 삶을 풀어내기 때문에 청소년들의 진로를 설계하는 데 효과적이지요.

　다음 글을 읽으며 그 의미를 살펴보겠습니다.

　　사실 자서전을 이런 식으로 쓸 줄은 몰랐다. 고등학교에 올라가기 전 교과 외 활동이 해 보고 싶기도 했고, 당시 꿈이 없던 내게 '미래 설계'라는 말은 매력적으로 다가왔다. '꿈 찾으면 좋겠다. 꿈이 생기면 좋겠다.' 이런 가벼운 마음으로 미래 자서전 프로젝트를 시작했다. 막상 쓰니 그리 가볍지는 않았다. 이 책에는 정체성 형성에 영향을 크게 미친 것들이 담겨 있다.

　모두가 살면서 아팠던 경험은 무조건 존재한다고 생각한다. 잊은 척하려 하거나 성장했거나 둘 중 하나이다. 어찌 됐든 그 상처들은 알게 모르게 우리 삶 속에 늘 있다는 것이다. 좋은 쪽으로인지 나쁜 쪽으로인지는 스스로 결정할 수 있을 것이다. 내면에서 갈등이 많았던 때가 있었다. 그때 심정이 어땠고, 나 자신을 어떻게 여겼는지를 말하고 싶었다.

　미래 자서전을 나의 진정한 모습을 드러내려 시작했던 것은 아니었다. 하지만 결과적으로 보니 미래 자서전에서 가장 크게 얻은 것이 있다면 내 안의 모습을 드러낼 수 있게 된 것 아닌가 싶다. 솔직히, 완전히 괜찮아졌다고 말하기에는 확신이 없다. 새롭게 생긴 내 이상도 높아서 괜찮다 말하지 못하는 것 같기도 하다. 하지만 확신할 수 있는 것은 미래 자서전을 쓰기 전과 후는 정말 많이 변했다는 것이다. 물론 좋은 쪽으로.

　윗글은 중학교 3학년 학생이 쓴 미래 자서전『파도』의 머리말 중 일부입니다. 글쓰기를 통해 자신을 어떻게 이해하고 받아들였는지 그 과정이 오롯이 드러나 있습니다. 이 학생은 자신이 어떤 사람인지 깊이 성찰하며 좋은 쪽으로 삶을 변화시키려고 합니다. 미래 자서전이 지닌 효과를 톡톡히 누린 셈이지요.

TALK

선생님, 질문 있어요!

Q
학생

글을 쓰면 진짜 제가 좋아하는 것이나 잘하는 것을 알 수 있을까요?

물론이지요. 현재 내 삶을 이해하는 단서는 과거의 삶에 있어요. 그 과거를 현장감 있고 밀도 있게 들여다볼 수 있는 도구가 글쓰기입니다.

특히 서사를 따라 쓰다 보면 자신이 어떤 것에 관심을 가졌는지, 무엇을 할 때 기뻤는지 알 수 있습니다. 그것을 토대로 자신의 미래를 설계하면 도움이 될 거예요.

A
선생님

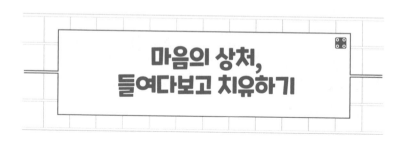

마음의 상처,
들여다보고 치유하기

모든 사람의 내면에는 놀라운 힘이 있습니다. 자신이 어떤 사람인지 알 수 있는 해답이 바로 자기 내면에 숨겨져 있거든요. 아침 일찍부터 저녁 늦게까지 학교와 학원을 오가며 미래를 준비하느라 바빠도 자신을 적극적으로 들여다보는 시간을 가져야 합니다. 그래야 자신에 대해 깊이 파악할 수 있습니다.

그런데 아무리 노력해도 자신이 누구인지 알지 못하게 하는 방해 요소가 있습니다. 내면의 자아를 만나지 못하게 하는 이 방해꾼은 바로 아픈 상처입니다. 속마음에 상처가 있으면 진정한 자신에게 다가설 수 없습니다. 상처가 자신에게 다가가지 못하도록 벽을 만들어 버리기 때문입니다. 때로는 자욱한 안개를 흩

뿌려 시야를 흐리게 하지요.

　많은 청소년이 상처를 안고 살아갑니다. 〈금쪽같은 내 새끼〉 프로그램에 출연하지 않았을 뿐 금쪽이 같은 마음으로 살아가고 있는 것이지요.

　상처가 생기는 이유는 다양합니다. 우선 양육자에게 정서적·신체적 학대를 받으면 상처가 생깁니다. 직접적인 학대를 받지 않았더라도 자신이 원하는 삶이 아닌, 다른 사람의 강요에 의한 삶을 살아도 상처가 됩니다. 누군가에게 끌려 다니는 상황에서는 건강한 마음이 생성될 수 없으니까요. 이외에도 따돌림, 폭력, 외모, 성적, 가정 환경 등의 문제로 아파하는 청소년이 많습니다.

　마음이 건강하지 못하면 자신이 누구인지 알 수 없고, 행복한 인생을 살아가기도 어렵습니다. 그 의미는 글쓰기로 아픈 마음을 치료하는 제임스 페니베이커의 말로 이해할 수 있습니다.

　　"트라우마의 경험을 가지고 있는 것은 확실히 여러 가지 면에서 좋지 않은 영향이 있다. 그러나 심리적 외상을 경험한 후 그것을 비밀로 간직한 사람들은 훨씬 더 고통스러운 삶을 살고 있다."

그래서 진로를 설계하기 전에 내면을 자세히 들여다보면서 상처가 있는지 없는지 살펴야 합니다. 아픈 마음이 치유되어야 진짜 자신으로 살아갈 수 있기 때문입니다.

　그런데 아픈 나를 마주하는 일은 말처럼 간단하지 않습니다. 아픈 나를 바라보면 더 아프기 때문이지요. 아픔을 당했던 상황이 떠올라 힘들고, 아픔을 준 사람이 생각나 분노가 치밀어 오릅니다. 아픔으로 인해 자신이 누리지 못한 행복, 빼앗긴 자유와 권리로 힘겨워집니다. 그래서 아픈 나를 마주하지 못하고 피하려 합니다. 피하면 최소한 아픈 나를 마주하지 않으니 그 순간을 모면할 수 있다고 생각하기 때문입니다.

　하지만 상처는 피한다고 해서 해결되지 않습니다. 오히려 마음 깊은 곳까지 쓴 뿌리를 내리며 자랍니다. 그러다 비슷한 상황에 맞닥뜨리면 다시 싹을 틔우고 자신을 힘들게 합니다. 치유되지 않은 상처는 삶이 다할 때까지 숨어 있다가 언젠가는 자신을 힘들게 합니다. 그래서 아프지만 자신을 들여다보며 반드시 치유해야 합니다.

　그렇다면 아픈 마음을 어떻게 치유할 수 있을까요? 여러 가지가 있지만 혼자서 해결할 수 있는 아주 효과적인 방법이 글쓰기입니다. 자신의 삶을 있는 그대로 글로 풀어내는 순간 치유는 시작됩니다. 자신도 모르는 사이에 받았던 상처가 글을 쓰면서 치유되는 것입니다.

실제로 청소년들이 글쓰기로 상처를 치유하고, 자신이 원하는 삶을 살아가고 있는 이야기가 있습니다. 〈프리덤 라이터스〉라는 영화로 소개되어 화제가 되었지요. 『프리덤 라이터스 다이어리』라는 책으로도 출간되어 많은 사랑을 받았습니다. 실화를 바탕으로 한 이야기가 책과 영화로 소개된 것입니다.

캘리포니아 소재 윌슨 고등학교에서는 다양한 인종이 모여서 공부합니다. 많은 학생이 지역 갱단이 쏜 총 때문에 가족을 잃고 인종 차별, 마약, 가정 폭력 등으로 힘들게 살아갑니다. 에린 그루웰 선생님은 교장 선생님과 주변 선생님들의 반대를 무릅쓰고 학생들에게 글쓰기를 시킵니다. 학생들은 예상 외로 자기 삶의 이야기를 진실하게 풀어냅니다. 글을 쓰면서 친구와 부모님, 자기 마음의 실체를 깨달으며 치유가 시작됩니다. 학생들은 글을 공유하면서 서로 공감하고 이해하며 관계를 회복합니다.

졸업조차 힘든 학교에서 글쓰기 수업을 받은 150명 전원은 당당히 졸업하고 대학에 진학해 자신이 원하는 삶을 살아갑니다. 이것이 자기 삶의 이야기를 풀어낸 글쓰기의 힘입니다.

다음 글은 어느 시기를 살고 있는 사람이 썼을지 생각하면서 읽어 보세요.

미래 자서전을 포기하지 않았던 이유는 한 가지였습니다. 미래 자서전을 씀으로써 과거의 저를 반성하고 현재의 저를 인정하며 미래의 더 발전한 저를 꿈꿀 수 있었습니다. 글을 쓰면서 지금까지 제 자신을 얼마나 많이 부정해 왔는지 느꼈습니다. 제 글을 보면 두려움이라는 단어가 많이 사용되었음을 볼 수 있습니다. 저는 그 단어가 지금의 제 상태라고 생각합니다. 저는 한마디로 겁쟁이입니다. 그리고 그런 저의 모습을 숨기고 싶어 합니다. 그렇기에 그동안 저를 많이 사랑해 주지 못했던 것 같습니다. 나약한 저의 모습을 외면하기만 했지요.

이 책의 마지막쯤을 보면 한 학생과 상담했던 일을 회상하는 내용이 나옵니다. 그때 그 학생의 모습이 지금의 저와 많이 닮아 있습니다. 그리고 미래의 제가 학생에게 해 주는 말들이 지금의 제가 듣고 싶어 하는 말들입니다.

저는 미래 자서전을 쓰면서 미래를 기획하는 것을 넘어 제 자신을 사랑하고 인정하는 법을 배웠어요. 게다가 묻어 두었던 내면의 상처를 꺼내어 보기도 했지요. 처음에는 이것이 마냥 두려웠습니다. 하지만 글을 쓰면 쓸수록 제 상처를 받아들이게 되었고, 자연스레 치유가 되더라고요.

저의 고민과 잘못을 솔직하게 적으면서 제가 외면했던 것들에 하나둘 답이 보이더군요. 신기하고도 값진 경험이었습니다.

제가 만약 용기를 내어 이 프로그램을 신청하지 않았더라면 지금의 저는 평생 저의 상처를 외면한 채 남에게 보여지는 저만을 꾸미며 살았을 것입니다. 이런 삶은 결코 행복한 삶이 될 수 없겠지요.

파란만장한 인생을 산 사람이 쓴 것처럼 느껴지나요? 아닙니다. 윗글은 15세 여학생이 학교 선생님이 되고 싶은 마음을 담아 쓴 미래 자서전『배움의 즐거움을 느끼게 하다』의 머리말입니다. 이 학생에게는 잦은 전학, 다문화 가정, 술을 좋아하는 아버지 밑에서 자란 것이 상처가 되었지요. 그 상처를 글로 풀어내면서 치유를 경험했다고 고백합니다.

마음이 건강해야 진짜 자신을 발견할 수 있습니다. 자신을 이해할 수 없다면 진실하게 자기 삶의 이야기를 써 보세요. 아직 치유되지 않은 아픔이 있다면 꼭 글로 써야 합니다. 솔직하게 자기 삶을 들여다보고 글로 풀어내면 자신도 모르는 사이에 아픔이 치유되는 경험을 할 수 있을 테니까요.

글을 쓰면 감정을 조절하는 방법도 배울 수 있습니다. 감정이 조절되고 마음에 안정이 찾아올 때 비로소 자신의 내면에 담긴 것들을 발견할 수 있습니다. 그래야 진짜 나다운 삶을 살아갈 수 있습니다.

TALK

선생님, 질문 있어요!

Q
학생

지금까지 살면서 힘들었던 순간에 대한 글을 쓰면, 그 기억이 되살아나 또 괴로울까 봐 두려워요. 괜찮을까요?

A
선생님

아픈 기억이 되살아나 힘들다는 것은 그 문제가 아직 해결되지 않았다는 의미예요. 그래서 자꾸 피하고 직면하지 않으려고 하지요. 마주하지 않으면 더 아프지는 않으니까요.

하지만 해결되지 않은 아픈 기억은 언젠가는 되살아나기 마련입니다. 힘들더라도 마주해서 그 원인과 해결책을 찾아야 해요. 그러면 더 이상 그 문제로 괴로워하지 않아도 될 거예요.

'나'를 위로할 사람은 바로 '나'

"나는 왜 항상 상처만 받고 살까?", "나는 가치가 없는 사람인가 봐.", "나는 쓸모가 없어.", "차라리 태어나지 않았으면 더 좋았을 텐데……."

마음이 힘들어서 이런 말을 자주 하게 되면 자신이 어떤 사람인지 발견하기 어렵습니다. 자신을 부정하고 삶의 의미조차 느끼지 못할 수도 있지요. 물기 없이 바싹 말라 있는 식물처럼 생동감이 없습니다. 자신을 너그럽게 품어 주지 못하고 비관적으로 생각해 스스로를 더욱 힘들게 합니다.

다른 사람에게 비난의 말을 들으면 얼른 그 자리를 벗어나면 됩니다. 하지만 스스로에게 던지는 비난의 말은 벗어날 수 없습니다. 상처받은 자신에게 온종일 독화살을 날리며 스스로를 더 힘겹게 만듭니다. 이런 일이 반복되면 삶은 점점 부정적으로 바뀌고, 좋지 않은 쪽으로 흘러가고 맙니다.

겉으로는 웃음이 가득하지만 속마음은 그늘로 꽉 차 있는 청소년이 의외로 많습니다. 미래 자서전 수업을 하면서 만난 많은 학생도 내면의 상처로 힘들어했지요. 자신의 마음이 왜 힘든지 모른 채 살아가는 청소년도 많습니다. 아프고 속상한 마음을 끄집어내면 좋을 텐데 꽁꽁 숨깁니다. 그러다 속에서 곪아 터진 후에야 처방전을 받으려 동분서주합니다.

전문가를 찾아가서 처방전을 받으면 간단하게 해결될 것 같지만 그렇지 않습니다. 올바른 처방전을 받아도 그 처방전을 수용하고 실천해야 하는 일이 남아 있기 때문이지요. 아픔을 치유할 수 있는 약이 있어도 자신이 약을 잘 복용해야 좋아질 수 있습니다. 자신을 위로하고 치유할 수 있는 힘이 자신에게 있기에 그렇습니다.

자신이 스스로를 돌보고 지키면 빠르게 치유할 수 있습니다. "아직 어린데 어떻게 제가 저를 치료할 수 있어요?"라고 물을 수 있습니다. 그렇지만 조금만 달리 생각하면 얼마든지 가능합니다. 그 의미는 다음 글을 통해 살펴보겠습니다.

정체성에 대한 고민들을 글로 털어놓을 때면 불안했다. 힘들 때의 감정이 곧잘 살아났기 때문이다. '또다시 고민하면 어떡하지. 또다시 그러면 어떡하지. 또다시 나에 대해 의문이 생기면 어떡하지.' 두려웠다. 불안한 심정으로 컴퓨터를 껐다. 쓸 때는 울기도 했다. 이입되어 입맛 하나 없고 온종일 우울할 때도 있었다.

글을 다 쓰고 재해석을 했다. 감정들이 천천히 놓여 갔다. 발자국을 남기며 저만치로 사라져 갔다. 보이지 않을 때까지 걸어갔다. 한데 엉겨 있던 물감이 막상 객관적으로 볼 수 있는 위치가 되니 아주 편안해진 것이었다. 그냥 그 속에서 나오면 되는 것이었다. 생각의 회로를 조금만 바꾸면 되는 것이다.

사실 지금 이렇게 쉽게 말하고 있지만, 생각의 회로를 바꾸는 그 까딱임이, 정말 죽을 것만 같은 고통이었다. 정말 어렵고 힘든 일이다. 그 길을 걷고 있는 사람들의 앞길에는 분명 행복이 있을 거라 확신한다. 물론 나를 포함해서.

윗글은 중학교 3학년 학생이 쓴 미래 자서전 『파도』의 일부 내용입니다. 이 학생은 마음이 힘들어 삶의 의미를 느끼지 못하고, 오랜 시간 방황합니다. 해서는 안 될 시도를 하고, 부정적인 시각에 사로잡혀 지내지요. 그러다 생각을 바꾸고 삶의 희망을 발견합니다.

윗글은 마음의 문제는 스스로 해결하려는 노력이 있을 때 바뀐다는 것을 알려 줍니다. 따라서 누군가 나의 마음을 챙겨 주기를 기대하지 말고, 적극적인 태도로 자신의 마음을 살펴야 합니다. 마음 챙김 코치인 수전 웨이스 베리의 말로 그 의미를 되새겨 볼까요?

> "자기를 돌보는 모든 행위는 진정한 자아를 강화하고, 비판적이고 두려운 마음을 약화한다. 자기를 돌보는 모든 행위는 '나는 내 편이다.'라는 강력한 선언이다."

아픈 마음을 용서하고 위로하는 주체가 자기 자신이면 더욱 좋습니다. 다음 글은 스스로를 돌보며 삶의 희망을 찾은 청년의 글입니다. 제 글쓰기 수업에 참여해서 쓴 글이지요. 이 글을 읽으며 스스로를 돌보는 것이 얼마나 중요한지 다시 한번 되새겨 보기를 바랍니다.

> "넌 어떻게 우울증에서 벗어났어?"
> 이런 질문을 받은 적이 많다. 나를 아는 사람들은 나를 항상 신기하게 바라본다. 어떻게 멀쩡하게 살아갈 수 있을까 궁금한 건지 눈빛이 반짝인다. 그럴 때마다 내가 항상 하는 말이 있다.
> "그냥 애쓰지 않았어."

애쓰지 않았다는 말은 내 삶을 대변하는 말과 같다. 나는 살아 내려고 애쓰지 않는다. 애쓰는 순간 자연스럽지 않기 때문이다. 나는 언제나 보통의 삶을 원했다. 자연스럽게 생각하고, 살고 싶었다.

마음이 아프고 힘든 것은 자연스러운 일이다. 인생을 살면서 언제나 행복하고 활기찰 수는 없다. 그냥 아무것도 하기 싫고, 모든 게 귀찮아질 때도 있다. 하지만 사람들은 우울해지는 감정을 못 이겨 벗어나려고 발버둥을 친다. 나도 그랬다. 이 상황에서 벗어나려고 애쓰고 발악했다. 하지만 발악해 봤자 제자리다. 내가 나를 위로할 수밖에 없다. 위로는 상대에게서 나올 수 없다. 내가 나를 이해하고 위로해야 상대의 말이 위로처럼 들린다. 어떤 사람이 아무리 거창하게 말을 포장해서 내게 좋은 말을 해 준다고 한들 내 안의 치료는 이루어지지 않는다. 내가 나를 치료할 수 있어야 상대의 말이 내 마음에 작용한다.

친구들은 나에게 우울해지지 않는 법에 관해 물어보지만 나는 그냥 우울해지라고 한다. 우울해져서 아무것도 안 하고 싶으면 그냥 그렇게 하라고 한다. 무책임하다고 할 수도 있다. 하지만 상대에게 위로를 받기만 한다면 정작 자신을 위로할 줄 모르게 된다.

삶은 나에게 항상 살아가는 수단을 준다. 어떻게 해야 하는지 해답을 주지 않고, 답을 푸는 방법을 제시해 준다. 그 수단을 가지고 나는 삶을 살아갈 목적을 만든다. 목적이 만들어지는 순간 원동력이 생기고, 편안하게 숨 쉬며 살아갈 수 있다.

늪은 발버둥을 치면 더 깊게 빠지게 되어 있다. 우울함도 똑같다. 벗어나려고 애를 쓰고 발버둥 칠수록 더 깊게 더 빠르게 빨려 들어간다. 아직도 한 번씩 우울함이 찾아올 때가 있다. 그럴 때마다 마치 손님을 맞듯이 '이번에도 왔냐?'라고 마음속으로 말하며 자연스럽게 우울함과 시간을 보내며 우울함이 떠나가기를 기다린다. 평생 우울함은 소리도 없이 나를 찾아올 것이다. 하지만 나는 언제든지 우울함을 받아들이고, 떠나보낼 준비가 되어 있다.

나는 우울증을 겪고 있는 친구들에게 우울해하지 말라는 말 대신 이렇게 말하고 싶다. 우울함을 받아들이고 자신을 위로하는 순간 삶을 살아갈 원동력이 생길 거라고.

쓰면, 진짜 나를 발견할 수 있다

4차 산업 혁명 시대에는 하루에도 많은 신기술이 쏟아져 나오고 있습니다. 이러한 기술을 주도하고 있는 곳이 미국 캘리포니아주에 있는 첨단 기술 연구 단지인 실리콘 밸리입니다. 많은 청소년이 훗날 일하고 싶어 하는 유명한 곳이지요.

실리콘 밸리에서 일하고 있는 사람들이 권하는 공부는 무엇일까요? 그들은 최첨단 기술을 익히기 전에 '나는 누구인가?', '나는 왜 사는가?', '나는 무엇을 위해 살아야 하는가?'에 대한 답을 찾아야 한다고 말합니다. 그 방법으로 글쓰기를 하면서 자신을 깊이 있게 파악하기를 권합니다. 그러다 보면 위 세 가지 질문에 대한 답을 찾을 수 있다는 의미지요.

일본의 많은 학교에서는 국제 바칼로레아 교육을 시행하고 있습니다. 국제 바칼로레아는 주입식 암기 교육이 아니라 책을 읽은 후 서로 대화하거나 토론하고 글쓰기를 하면서 삶과 세상을 이해하는 방식입니다. 그 시작점에 있는 주제가 바로 '나와 우리는 누구인가?'입니다.

또한 '나와 우리는 어떤 장소와 시대에서 살아가고 있는가?', '나와 우리는 스스로를 어떻게 표현해야 하는가?' 등의 주제에 관해서도 배웁니다. 책을 읽고 글을 쓰면서 자신뿐만 아니라 이웃과 세계를 깊이 탐구하고 이해하기 위한 교육이지요.

다음은 군포 홍진중학교에서 진행한 미래 자서전 쓰기에 참여한 학생의 글입니다. 미래 자서전 『경험과 함께 작가라는 이름의 꿈을 키우다』의 머리말이지요. 이 글에는 미래 자서전 쓰기가 자기 자신을 이해하는 데 얼마나 도움이 되는지 알 수 있는 내용이 담겨 있습니다.

중학교에 들어와 미래 자서전이라는 것을 쓰면서 참 많은 것을 배웠습니다. 먼저 나에 대해 더 많이 알게 된 것 같습니다. 저는 저 자신에 대해 잘 알지 못했나 봅니다. 내가 정말 좋아하는 것이 뭔가 한 번 더 생각하게 되고, 내가 그토록 원하고 꿈꾸던 진로가 과연 나에게 맞는가에 대한 확신도 갖게 되었습니다. 실은 어렸을 적부터 꿈에 관해 예민한 터라 '이 직업을 좋아하긴 했어도 정말 잘할 수 있을까? 자신이 있는가? 아니면 내가 진정으로 원하는 것이 맞는가?'까지 생각해 보곤 했습니다. 진로에 대한 확신과 나에 대한 믿음이 부족했던 것이지요. 하지만 미래 자서전을 쓰면서 평소에는 생각도 하지 못했던 또 다른 나를 알아채고 발견할 수 있었습니다.

미국 학교 현장에서도 글쓰기를 통해 자신을 이해하고 미래를 설계하도록 돕습니다. 일명 '허구적 자서전' 쓰기입니다. 미래 자서전과 이름만 다를 뿐 추구하는 것은 같습니다.

오바마 정부에서 6년 반 동안 백악관 법률 고문을 지낸 크리스토퍼 강(강진영)은 초등학교 5학년 때 허구적 자서전을 썼습니다. 이 글을 쓰기 전에는 과학자가 되는 것이 꿈이었지요. 하지만 허구적 자서전을 쓰기 위해 도서관에서 책을 읽다가 대법관으로 진로를 바꿉니다. 연방 대법관이 되어 역사를 다시 쓸 만한 업적을 남기겠다는 꿈을 품은 것이지요.

크리스토퍼 강은 자신의 꿈을 이루기 위해 중학교는 윌버라이트, 고등학교는 필립스 아카데미 앤도버, 대학교는 하버드대학교를 목표로 삼습니다. 대학교만 원하는 곳에 진학하지 못했지만,

그는 이후 변호사가 되고 상원 의원 보좌관도 지냈습니다. 결국 그는 백악관에서 법률과 관련된 일을 영향력 있게 해냅니다. 그는 자신의 성공 비결을 이렇게 밝혔습니다.

> "초등학교 5학년 언어 시간에 숙제로 쓴 자서전 덕분에 삶의 분명한 목적과 방향을 가지고 살 수 있어 무척 다행스럽게 생각한다." ●

미래 자서전은 꿈을 이루어 가는 과정을 이미 이룬 것처럼 적는 글입니다. 꿈이 현실로 이루어지는 한 편의 영화와 같지요. 가상 공간에서 글쓰기로 한평생을 살아 보는 것입니다.

전 세계의 많은 사람이 글쓰기로 자신을 이해하고, 앞으로 살아갈 삶을 설계하고 있습니다. 그러니 여러분도 자신을 제대로 알고 싶다면 지나온 삶을 되돌아보며 글을 써 보세요. 자신을 제대로 이해하면 오늘의 삶뿐만 아니라 앞으로 살아갈 삶도 내다볼 수 있습니다. 자신이 어떤 사람인지를 알아야 진정한 나로 살 수 있고, 행복한 인생도 펼쳐 낼 수 있습니다.

● 강영우, 『우리가 오르지 못할 산은 없다』, 생명의말씀사, 2003.

TALK

선생님, 질문 있어요!

Q
학생

제 이야기를 글로 적으면, 다른 사람들이 제 안 좋은 모습을 보고 실망하거나 비난하지 않을까요? 그래서 글을 쓰는 게 무서워요.

A
선생님

다른 사람들의 시선이나 평가보다 더 중요한 게 무엇일까요? 바로 힘들었던 과거의 아픔에서 벗어나는 것입니다. 글을 써서 힘든 문제가 해결되고, 나아가 더 행복한 삶을 살아갈 수 있다는 것에 초점을 맞추면 좋겠어요.
또한 안 좋은 모습을 대하는 태도를 보면, 가까이 할 사람과 떠나보내야 할 사람을 구분할 수 있습니다. 과거의 내 모습을 보고 실망하거나 비난하는 사람은 '내 인생에 도움이 될 것 같지 않다'라고 생각하세요. 진짜 좋은 사람은 힘든 과거를 이해하고, 더 좋은 방향으로 나아갈 수 있도록 도울 테니까요.

Part 2

'진정 꿈꾸는' 삶을 위해

- 미래를 탐색하는 시간

'나만의 이야기'가 필요한 시대

현대 사회가 원하는 인재상은 무엇일까요? 특히나 4차 산업 혁명 시대는 자신만의 생각과 논리로 새로운 것을 창조하는 사람을 원합니다. 남이 말한 대로 생각하는 사람이 아니라, 남이 시키는 것만 하는 사람이 아니라, 사회가 좋다는 것만 따르는 사람이 아니라, 자신이 하고 싶은 일을 주도하며 살아가려는 사람에게 관심이 있습니다. 자신만의 주관이 없이 기계적으로 생각하는 사람은 인공 지능으로 대체되기 때문이지요.

학생들이 열심히 공부하는 이유 중 하나는 돈을 잘 벌기 위해서입니다. 자신이 좋아하는 분야의 일을 잘 해내고 싶어서 공부하는 사람도 있습니다. 하지만 이것도 결국에는 경제 활동과 연결됩니다. 돈을 벌어야 먹고살 수 있기 때문입니다.

돈을 버는 방법은 크게 두 가지로 구분할 수 있습니다. 하나는 회사에 들어가 일하는 취업입니다. 공부를 열심히 해서 명문 대학교에 진학하려는 이유도 좋은 직장에 취업하기 위한 목적이 큽니다. 다른 하나는 자신이 회사를 차려서 일하는 창업입니다. 창업은 취업에 비해 위험이 많이 따르지만, 잘 운영한다면 많은 돈을 벌 수 있는 장점이 있습니다.

취업과 창업은 일하는 방식과 추구하는 가치가 조금씩 다릅니다. 그런데 성공적으로 취업하거나 창업한 사람들에게는 공통적으로 나타나는 모습이 있습니다. 이들에게는 누구도 흉내 낼 수 없는 '자신만의 그 무엇'이 있다는 것입니다.

자신만의 독특한 이야기나 콘텐츠가 있는 사람이 의미 있는 결과를 만들어 냅니다. 수많은 유튜버가 있지만 자신만의 콘텐츠가 확실한 사람이 결국 성공하고, 그렇지 못한 사람은 오래가지 못하고 도태됩니다.

'이야기'는 자신이 누구이며 세계가 어떻게 이루어졌는지 이해하는 중요한 도구입니다. 지금도 우리는 수많은 이야기를 보고 들으며 세계를 이해하고, 자신이 어떤 사람인지 알려고 합니다.

이야기로 삶과 세계를 이해하는 방식에는 세 가지가 있습니다.

첫째, 누군가 이야기해 준 대로 이해하고 살아가는 것입니다. 이런 사람들은 스스로 만들어 낸 이야기대로 자신이 원하는 삶을 살아가는 것이 아니라 누군가 써 준 인생 대본으로 대역의 삶을 살아갑니다. 부모님이 이야기해 준 것, 학교 선생님이 조언해 준 것, 세상이 좋다는 것이 인생 시나리오가 되지요.

둘째, 살아온 대로 이야기하는 부류가 있습니다. 이런 사람들은 자신이 누구이고, 어떻게 살아가야 할지 생각하지 않습니다. 오늘의 삶에 매몰되어 하루를 살아가기에 급급해 하지요. 오늘 즐겁고 행복한 것으로 만족하기도 합니다. 이들은 오늘 하루 살아가기도 바쁜데 자신을 들여다보고 미래를 내다볼 시간이 어디 있느냐고 항변합니다. 잠시라도 한눈팔면 뒤처지는 시대이니 뭐든지 열심히 해야 한다고 이구동성으로 말하지요. 하지만 정작 무엇을 위해 열심히 사는지 알지 못한 채 그저 살아갑니다.

셋째, 자신이 이야기한 대로 살아가는 삶입니다. 이런 사람들은 자신이 누구이고, 무엇을 위해 살아야 하는지, 자신의 인생에서 가장 중요한 것은 무엇인지 답을 찾고 그 답대로 인생 대본을 쓰며 살아갑니다. 자기 인생의 주인공이 되어 이야기를 만들고, 삶을 개척해 나가며 자신의 이야기를 완성하는 것입니다.

세 가지 방식 가운데 어떤 태도가 가장 행복하고 의미가 있을까요? 당연히 세 번째입니다.

　성공한 창업자들을 보면 자신만의 철학과 이야기가 분명합니다. 수없이 넘어지고 실패해도 자신이 추구하는 것이 분명해 포기하지 않고 도전해서 끝내 성공하지요. 이들의 이야기는 유튜브, 책, SNS 등으로 퍼져 나가 거대한 물결을 만들어 냅니다. 많은 사람이 그 이야기가 듣고 싶고, 보고 싶고, 궁금해서 지갑을 엽니다.

　자신만의 이야기를 만들기 위해서는 생각의 전환이 필요합니다. 소비자가 아니라 생산자가 되어야겠다는 생각입니다. 취업을 하든 창업을 하든 자신만의 생각과 논리로 생산하려는 태도와 생각을 품고 있어야 합니다. 그럴 때 자신만의 이야기가 만들어집니다.

　미래 자서전은 자신만의 이야기를 만들어 내는 과정입니다. 누구도 흉내 낼 수 없는 자신만의 이야기를 설계해 미리 글로 풀어내 보는 것이지요. 그러다 보면 그 삶이 진짜 자신이 원하는 것인지, 아닌지 발견할 수 있습니다. 그래서 청소년기에 미래 자서전을 써 보아야 합니다.

TALK

선생님, 질문 있어요!

Q 학생

선생님, 저는 미래 자서전을 써 보고 싶은데 부모님은 공부가 먼저라며 하지 말래요. 어떻게 하면 좋을까요?

A 선생님

공부를 열심히 하면 인생의 갈림길에서 선택지가 많아질 것입니다. 하지만 자신이 무엇을 원하는지 모르고 공부만 했다면, 아무리 선택지가 많아도 선택할 수 없게 됩니다.

그래서 미래 자서전을 통해 공부해야 하는 이유를 발견하는 시간이 필요해요. 자신이 누구인지 살핀 후 진로를 찾게 되면, 미래 자서전을 쓰면서 빼앗겼던 시간도 열정으로 극복할 수 있을 것입니다. 이런 메시지로 부모님을 설득해 보세요. 저도 응원하겠습니다.

미래를 예측하는 가장 좋은 방법

세상에서 제일 빠른 말은 모두 경마장에 있습니다. 이 말들은 경주에서 이길 수 있도록 기수와 짝을 지어 훈련하지요.

그런데 신기하게도 경마장의 말들은 다른 말이 추월해도 아랑곳 않고 달리기만 합니다. 한눈팔지 않고 앞만 보고 달리지요. 그 이유는 말의 양 눈 뒷부분에 차안대遮眼帶가 부착되어 있기 때문입니다. 차안대는 말이 옆이나 뒤를 보지 못하도록 말머리에 씌우는 안대입니다. 차안대를 차고 있으면 주변을 살필 수 없지요.

많은 청소년이 차안대를 차고 있는 경주마처럼 살아가고 있습니다. 인생에서 진짜 중요한 것을 탐구하기보다는 경주마처럼 앞만 보고 달리지요. 경쟁에서 뒤처지지 않으려고 노력하지만,

정작 무엇을 위해서 열심히 사는지 알지 못하는 경우가 많습니다. '무엇을 위해 살 것인가?', '그것이 왜 중요한가?', '내가 이루려고 하는 것은 어떻게 변할까?'와 같은 생각을 하지 않아서입니다.

　지금은 뷰카VUCA의 시대여서 불확실하고 모호하고 복잡합니다. 현재 있는 직업과 산업의 상당수가 미래에는 사라지고 말 것입니다. 어쩌면 진짜 유망한 일은 아직 세상에 없는 분야일 수 있지요. 따라서 미래를 내다볼 능력이 없다면 현재의 노력은 헛될 수도 있습니다. 그 의미는 베트남 전쟁을 주도한 맥나마라 국방 장관의 분석을 통해 이해하면 좋겠습니다.

　세계 최고의 국방력과 경제력을 가진 미국은 베트남 전쟁에서 패배했습니다. 당시 미국 국방 장관이었던 맥나마라는 패배한 이유를 진단해 다음과 같은 분석 결과를 내놓았습니다.

맥나마라의 4가지 실패 오류		
실패율 0%	성공률 100%	모든 것(모든 변수)을 측정하고 있을 때
실패율 20%	성공률 50%	측정하지 못한 것(변수)을 중요하다고 여길 때
실패율 50%	성공률 20%	측정하지 못한 것(미지수)을 중요하지 않다고 여길 때
실패율 100%	성공률 0%	측정하지 못한 것(잘 모르는 것)을 무시할 때

이 결과는 미래의 변수를 어떻게 바라보고 있는지에 대한 것입니다. 변수를 측정하고 있다면 성공률이 100%입니다. 하지만 변수를 무시하면 성공할 가능성은 점점 희박해집니다.

이처럼 현재의 성적, 환경, 능력과 상관없이 자신의 미래를 예측하는 것은 중요합니다. 그러기 위해서는 자신이 꿈꾸고 있는 분야나 직업의 미래에 대해 깊이 탐구해야 합니다. 앞으로 없어질 분야나 새롭게 탄생할 분야도 자신이 꿈꾸고 있는 것과 연결 지어 생각할 수 있어야 합니다. 그런 후 하나씩 차근차근 준비하면 5차 산업 혁명이 일어나도 두렵지 않을 것입니다.

미래 자서전을 쓰다 보면 자신이 갖추어야 할 능력과 역량이 무엇인지 자동으로 알 수 있습니다. 자신이 꿈꾸고 있는 일이 실제 이루어진 것처럼 쓰기 때문이지요. 언제, 어디서, 무엇을 하며 역량을 펼쳐갈지 쓰다 보면 그 시대를 읽어 낼 수밖에 없습니다. 미래학 서적을 읽으면서 자신의 일과 연관 지어 생각하는 활동도 하므로 자연스레 살아갈 변수도 측정할 수 있게 됩니다.

컴퓨터 과학자 앨런 케이는 4차 산업 혁명 시대를 대변하는 아주 좋은 말을 했습니다.

"미래를 예측하는 가장 좋은 방법은 그것을 발명해 버리는 것이다."

소비자가 아니라 생산자가 되라는 뜻이지요.

청소년기에는 자신이 해 보고 싶은 콘텐츠를 생산할 기회가 적습니다. 그래서 미래 자서전을 쓰면서 가상의 공간에서나마 미리 경험해 보는 것이 필요합니다. 자신이 만들고 싶고, 이루고 싶고, 창조하고 싶은 것들을 글로 쓰면서 경험하고 검증해 보면 좋습니다. 청소년기에는 미래 자서전을 쓰는 것이 자신의 미래를 예측하는 아주 좋은 도구입니다.

마음의 눈으로
인생의 꿈 바라보기

진정한 '나'로 산다는 것은 자신이 원하는 삶을 사는 것을 의미합니다. 그러려면 먼저 자신이 어떤 인생의 그림을 그려야 할지 마음으로 볼 수 있어야 합니다. 그 인생을 완성하기 위해 밑그림을 그리고 색칠하는 과정에서 기쁨과 행복을 맛볼 수 있지요. 미국의 사이먼튼 암 센터 로비에 걸려 있는 다음 글귀를 보면 이해가 갈 것입니다.

> "자기 자신이 아닌 누군가가 되고자 하는 것이 암을 생기게 한 궁극적인 원인이라 한다면, 우리가 있는 그대로 자신의 모습에 다가가는 것이야말로 암 치유의 본질이라 할 수 있다."

자신이 원하는 인생의 그림을 그리다 보면 스케치를 고쳐야 할 때도 있습니다. 그래도 괜찮습니다. 자신이 고쳐야 할 이유를 분명히 알고 있기에 원하는 대로 새롭게 수정하면 되니까요.

자신이 그리고 싶은 그림이 무엇인지 아는 것은 인생의 목적지를 아는 것과 같습니다. 인생의 목적지는 자신이 누구인지 명확하게 이해했을 때 찾을 수 있습니다. 출발 지점을 인식한 후 미래 탐색을 통해 목적지를 설정할 수 있어야 그곳에 도달할 다양한 경로도 탐색할 수 있지요.

세계적인 화장품 기업 '에스티 로더'의 창업주인 에스티 로더는 성공적인 삶을 사는 비결을 이렇게 밝혔습니다.

"당신의 꿈을 시각화하라. 만일 당신이 마음의 눈으로 이미 성공한 회사, 이미 성사된 거래, 이미 달성된 이윤 등을 볼 수 있다면, 실제로 그런 일이 일어날 가능성이 높아진다. 이미 성공한 모습을 마음속으로 생생하게 그리는 습관은 목표를 달성하는 가장 강력한 수단이다."

자신이 도달하고 싶은 삶을 바라볼 수 있다면, 그 삶이 자신에게 현실로 일어난다는 의미입니다.

미래 자서전은 출발 지점부터 도달할 목적지까지 탐색해서 적는 글입니다. 현재까지의 삶은 인터뷰와 기억으로 풀어내고, 앞으로 살아갈 삶은 자신이 원하고 바라는 것을 이미 이룬 것처럼 씁니다. 무엇이 되고 싶은지가 아니라 어떻게 살아갈 것인지를 생각하며 자신만의 이야기로 엮어 냅니다. 청소년기를 살고 있지만 자신이 85세가 되었다고 가정하고, 바라는 삶을 이미 이룬 것처럼 쓰는 글입니다. 글을 다 쓰면 그것을 묶어 한 권의 책으로 완성합니다. 그래서 힘이 있습니다. 성공적인 삶을 한 번 살아 보았기에 현재 삶에서도 자신감이 샘솟습니다.

심리학자 너새니얼 브랜든은 자존감 분야의 전문가입니다. 그는 자신감에 대해 이렇게 말했습니다.

> "자신감이란 무엇인가? 자신감은 '자신의 능력에 대한 생각'과 '자신의 가치에 대한 생각'이라는 두 가지 요소로 이루어진다. 바로 '자기 신뢰'와 '자기 존중'이 합쳐진 것이다. 자신감은 문제를 이해하고 해결함으로써 삶의 어려움에 대처하는 능력이며, 자신의 욕구와 바람을 만족시켜 행복을 추구하는 의지다."●

● 너새니얼 브랜든, 『나를 믿는다는 것』, 스마트비즈니스, 2009.

미래 자서전에서 추구하는 것과 맥락이 같습니다. 자신의 이야기를 쓰면서 자기 이해와 상처 치유가 이루어집니다. 행복한 결말로 마무리하면서 자기 신뢰와 자기 존중이 형성됩니다. 앞으로 살아갈 삶을 긍정적으로 풀어내는 과정을 통해 '나도 성공적인 삶을 살 수 있구나.'라는 자신감과 도전 정신이 생깁니다.

다음 글은 고등학교 1학년 학생이 쓴 미래 자서전의 머리말입니다.

한날한시 우리 앞이 어떻게 바뀌어질지 모르는 것이 인생사이다. 정말 자신이 어떻게 생각을 해서 계획하느냐에 따라 수많은 것이 바뀔 수 있는 것은 확실하다. 마치 쏘아 놓은 화살이 날아가는 것을 없었던 일로 할 수는 없지만, 궁수의 미세한 떨림이나 주변 바람이 부는 방향에 따라 화살이 과녁에 맞을지 다른 곳에 맞을지 달라지는 것처럼 말이다.

내가 제대로 풍향과 환경을 고려하고 계획해 화살을 쏜다면 과녁에 명중할 수 있듯이 내가 나의 삶을 어떻게 살지 알아서 계획을 세워 실천에 옮기면 내가 원하는 꿈과 목표에 도달할 수 있는 것이다.

사람들이 모두 안 될 거라고 질 거라고 한 승부에서 보란 듯이 이긴 승리가 가장 멋지듯, 승리하는 과정이 힘들고 어려울수록 그 승리의 가치는 상승한다. 나는 나 자신을 믿는다. 그 어떠한 상황에서도 나만은 나를 꼭 믿어 줘야 한다. 왜냐하면 내가 나를 의심하는 순간 높은 돌탑의 밑돌이 하나씩 빠져나가기 시작할 테니까.

이번 미래 자서전 쓰기 프로그램은 나에게 힐링을 해 주는 일이기도 했다. 돌아보면 힘들었던 일, 슬펐던 일도 많지만 좋은 일, 기쁜 일, 행복한 일들은 그 순간순간 꼭 기억해야겠다고 다짐했었기 때문에 더 잘 떠올랐다. 내가 지금까지 살면서 이렇게 기억나고 기억할 추억들이 많다는 것은 내가 행복한 사람이라는 것을 보여 주는 증거이기도 하다.

이 학생의 꿈은 국어 교사였고, 이후 자신이 바라는 대로 국어교육학과에 진학했습니다. 이 학생은 글쓰기를 통해 배우고 익힌 자신만의 교육 철학을 바탕으로 전공 공부를 이어 갈 것입니다. 또한 획일적인 방법으로 교육하는 교사가 아니라 자신만의 가치와 철학으로 학생들을 대하는 교사가 될 것이라 확신합니다.

TALK

선생님, 질문 있어요!

Q
학생

선생님, 부모님과 상의해서 진로를 대충 정하긴 했는데요. 저는 별로 내키지가 않아요. 이런 상태로 미래 자서전을 쓰는 게 도움이 될까요?

A
선생님

진로를 정했어도 정한 것이 내키지 않는다면 고민이 많이 되겠어요. 미래 자서전은 가상의 공간에서 한평생을 미리 살아 보는 글쓰기입니다. 별로 내키지 않는 진로로 한평생을 살아 보면 어떨까요? 그러면 진짜 자신이 원하는 것인지 아닌지 검증할 수 있기에 미래 자서전이 오히려 도움이 될 수 있어요.

가상의 공간에서 한평생 살아 보기

성인들에게 "다시 인생을 살 수 있다면 언제로 돌아가고 싶은가요?"라고 질문했습니다. 많은 사람이 학창 시절로 돌아가고 싶다고 대답했습니다. 현재 삶이 만족스럽지 않아서 내놓은 답일 것입니다. 이 대답에는 제대로 공부해서 지금보다 더 나은 삶을 살아 보고 싶은 마음이 담겨 있지요.

하지만 옛날로 돌아가고 싶지 않다고 대답한 사람도 많았습니다. 현재 삶에 어느 정도 만족하기 때문이겠지요. 이와 다르게 현재에 만족하지 못하는 사람은 다시 한번 인생을 살아 보고 싶어 합니다. 인생을 게임처럼 리셋하고 다시 출발하면 시행착오를 줄이고 진짜 자신이 원하는 삶을 살 수 있다고 생각하기 때문입니다.

이런 메시지를 담은 영화가 있습니다. 톰 크루즈 주연의 〈엣지 오브 투모로우〉입니다.

빌 케이지(톰 크루즈)는 외계인의 침략으로 자살이나 다름없는 작전에 투입됩니다. 그는 훈련 한번 받아 보지 못하고 장비도 제대로 갖추지 못한 상태로 전투에 참여해 죽음을 당하고 맙니다.

그런데 뜻밖의 일이 일어납니다. 빌 케이지가 다시 살아난 것입니다. 그는 전쟁터에 끌려가기 직전의 과거로 돌아가 다시 깨어납니다. 그러다 다시 전투에 참여하고 죽음을 맞는 것이 반복됩니다. 중요한 점은 전투하면서 느낀 경험을 유지한 채 과거로 돌아간다는 것입니다. 점점 전투력이 상승한 그는 자신의 운명을 바꾸기 위해 계속 노력합니다.

그야말로 영화 같은 이야기지만, 우리는 가끔 이런 삶을 꿈꾸기도 합니다. 지금의 경험을 유지한 채 옛날로 돌아가고 싶다는 생각을 할 때가 있지요. 그러면 지금보다 더 나은 삶을 살 수 있을 것이라는 확신 때문입니다.

실제 〈엣지 오브 투모로우〉처럼 인생을 여러 번 살 수 있는 방법이 있습니다. 글쓰기로 가상의 공간에서 한평생을 살아 보는 것입니다. 자신이 살아가고 싶은 인생을 설계해 그 인생을 실제로 산 것처럼 써 보는 글이지요. 이것이 바로 미래 자서전입니다.

미래 자서전을 쓰면 막연했던 삶이 구체화됩니다. 어떻게 하면 나답게 꿈을 이루며 살아갈 수 있을지 구체화시킬 수 있습니다. 자신을 이해하고 내면의 상처도 치유하게 됩니다. 이런 작업을 수시로 진행하다 보면 〈엣지 오브 투모로우〉처럼 오늘의 경험을 토대로 새로운 삶을 다시 살아 볼 수 있게 됩니다.

다음은 중학교 2학년 학생이 쓴 미래 자서전 『나를 잊지 말아요』의 머리말 일부입니다.

> 미래 자서전은 생각하는 것 이상으로 내게 큰 반향을 일으켰다. 가장 큰 것은 역시 꿈을 찾은 것이라고 생각한다. 그때의 환희는 지금도 생생하다. 이 프로그램에 참가하지 않았다면 아직도 꿈을 찾지 못했을 것이다. 그런 생각을 할 때면 끔찍한 기분이 들었다.
>
> 미래 자서전을 통해 흐릿해진 과거와 뚜렷하지 않은 미래를 생각할 수 있는 시간을 가지기도 했다. 일단 생각해 볼 기회가 없던 유년 시절을 돌이켜 볼 수 있었다. 한 번도 깊이 생각해 본 적 없었던 일들을 해석하고 성찰할 수 있는 기회가 되어 기꺼웠다.
>
> 또한 미래의 나를 좀 더 구체적으로 상상할 수 있었다. 미래에 대해 글을 쓰며 부모님과 진로에 대해서도 좀 더 진지하게 이

야기할 수 있었다. 한 번도 제대로 생각해 보지 않았던 미래의 삶에 대해 고민할 수 있어 좋았다.

미래 자서전 프로그램은 글의 힘을 느끼게 해 주었다. 정말 한 번 인생을 산 것 같았다. 그래서 글의 끝에 다다르자 시원섭섭하기도 했다. 글을 쓰며 정말 그 나이 대의 내가 된 것 같았다. 글 속에서 만들어 낸 상황이 정말 나에게 일어난 것 같아 묘한 감정에 휩싸이기도 했다. 나는 그런 감정을 통해 많은 영향을 받았다.

글을 쓰는 시간이 짧지만은 않았다. 꽤 오랫동안 책 속의 나로 80여 년을 살았다. 글 속의 생각이 내 삶에 번지기 시작했다. 이 과정에서 삶의 방향, 미래를 보는 관점이나 가치관도 많이 바뀌었다. 글 속의 내가 지녔던 도덕관과 신념이 정말 내 인생에 비전이 되기도 했다.

글이 노년기에 다다랐을 때 나는 서술자에서 당사자가 된 것 같았다. 진짜 80대의 노인이 되어 인생을 회고한 느낌이었다. 생경한 느낌에 가슴이 먹먹했다. 인생이 왜 이렇게 짧은가 우울해지기도 했다.

처음에는 미래 자서전이 내게 이렇게 큰 의미를 가지게 될지 몰랐다. 그저 마냥 커 보이는 일이었다. 글을 쓰는 중에도 힘들 때도 많았다. 마지막 글을 쓸 때까지 몇 번을 돌아갔는지 모른다. 하지만 글을 다 쓰고 나서는 용기를 얻을 수 있었다. '이렇게 어려운 일을 했는데 다른 일이라고 못 할까.' 하는 생각이 들었다. 정말 잊지 못할 경험이었고 다시 못 할 경험이었다.

중학생이 쓴 책의 머리말치고는 꽤 깊이가 있습니다. 어디에서 이런 성찰이 나온 것일까요? 바로 가상의 공간에서 한평생을 살아 보았기 때문입니다. 유아기부터 노년기까지의 삶을 살아 보니 인생이 짧게 느껴진 것입니다.

대부분의 학생이 미래 자서전 한 권을 쓰고 나면 위 학생처럼 이야기합니다. 책을 쓰기 전과 후가 너무나 다릅니다. 학생들은 출판 기념회 때 인생의 성찰이 묻어나는 묵직한 언어로 책을 펴낸 소감을 발표합니다. 참석한 부모님들조차 깜짝 놀랄 정도지요. 글쓰기로 한평생을 살아 보았기에 언어가 달라진 것입니다.

진짜 나답게 살기를 원한다면 미래 자서전 쓰기를 추천합니다. 〈엣지 오브 투모로우〉처럼 현재 능력을 유지한 채 새로운 인생을 살아갈 수 있기 때문입니다. 미래 자서전에는 후회하지 않고 오늘에 만족하며 살아가는 힘이 담겨 있습니다.

쓰면, 그 삶이 내게로 온다

사람은 현재 생각하고 있는 것을 이루며 사는 존재입니다. 생각하고 있는 것은 어떻게든 표현이 되기 마련이고 행동으로 옮겨지지요. 게임을 하고 싶다는 생각으로 가득 차 있으면 게임을 할 방법을 찾습니다. 부모님이 하지 못하게 막아도 수단과 방법을 동원해서 게임을 하고 맙니다.

우리 뇌는 자주 생각하는 것을 중요하게 여기고, 그것을 하도록 우선순위를 설정합니다. 이런 뇌의 특성을 이해하고 활용하면 자신이 원하는 꿈도 이룰 수 있습니다.

많은 사람이 자신이 바라는 삶을 글로 쓰면 이루어진다고 말합니다. 꿈을 글로 쓰려면 꽤 많은 시간이 필요합니다. 잡생각을 정리하고 쓰려는 내용에 온 정신을 집중해야 글을 써내려 갈 수 있습니다. 이 생각 저 생각에 빠져 있으면 좋은 글을 쓸 수 없습니다. 특히 자신이 원하는 인생을 쓰려고 하면 뇌는 더 집중합니다. 이렇게 오랜 시간 동안 쓴 내용은 뇌가 중요하다고 여기고, 삶의 우선순위에 배치합니다.

1973년 예일대학교 연구진은 흥미로운 연구를 진행했습니다. 1953년에 예일대학교를 졸업한 학생들이 20년 후 어떤 인생을 살고 있을까 하는 궁금증을 가지고 이를 연구했지요.

그 결과는 놀라웠습니다. 전체 졸업생 중 3%가 미국을 이끄는 성공적인 리더가 되어 있었습니다. 안정적으로 살아가는 사람은 10%, 생계를 유지할 정도로 사는 사람은 60%, 타인의 도움으로 사는 사람은 27%였지요.

이렇게 삶이 달라진 이유는 꿈이 있느냐 없느냐의 차이였습니다. 13%의 사람들은 인생의 목표와 비전이 있었습니다. 하지만 87%의 사람들은 아무런 목표 없이 막연한 생각으로 살았습니다. 학력, 능력, 지적 수준과는 아무런 관계 없이 꿈이 있느냐, 꿈을 글로 기록했느냐가 차이를 만든 것입니다. 3%는 자신의 꿈을 글로 적어 둔 사람들이었지요.

유명인 중에서도 꿈을 글로 적고 성공한 사람이 많습니다. 애플 창업자인 스티브 잡스는 "우주에 영향을 미칠 만큼의 획기적인 컴퓨터를 만들자."라는 꿈을 글로 적었습니다. 무술가이자 영화인인 이소룡의 꿈은 "나는 1980년 미국에서 가장 유명한 동양인 배우가 되어 있을 것이다. 나는 1,000만 달러의 출연료를 받을 것이다."였습니다.

만화가 스콧 애덤스는 한때 적은 임금을 받는 공장의 말단 직원이었습니다. 그는 사무실 구석에 있는 낡은 책상에 앉아 끊임없이 자신의 미래 모습을 글로 썼습니다. "나는 신문에 만화를 연재하는 유명한 만화가가 될 것이다." 그때까지 그의 만화는 수많은 신문사로부터 거절을 당하기 일쑤였지요.

하지만 스콧 애덤스는 포기하지 않고 계속 도전한 끝에 한 신문사와 연재 계약을 맺는 데 성공합니다. 그러자 이제는 다른 꿈을 설계했고 문구도 "나는 세계 최고의 만화가가 되겠다."라고 바꿉니다. 그는 이 문장을 하루에 열다섯 번씩 쓰며 만화를 그렸습니다. 마음에 선명하게 꿈을 각인시키는 작업이었지요. 그리고 사무실 책상에 써 붙였습니다. 이후 그의 만화는 전 세계적으로 소개되기 시작했습니다. 글로 적은 꿈이 현실로 이루어진 것입니다.

저도 꿈을 글로 쓰고 삶을 바꾸었습니다. 저는 공업 고등학교

기계과를 졸업하고, 대학에서는 전자계산학과를 전공했습니다. 대학 졸업 후에는 대리점 사업을 하며 열심히 살았습니다. 그러다 2007년 즈음 제 삶에 의문이 생겼습니다. '성실하게 살아가는데 왜 삶의 만족도가 높지 않을까?' 저는 제가 하고 싶은 일보다 어쩔 수 없는 선택에 의해 살아가고 있다는 결론을 내렸습니다.

결혼하고 두 자녀가 있는 중년이지만, 제가 원하는 삶을 살아보고 싶었습니다. 저는 수많은 질문을 던지며 제가 원하는 삶이 무엇인지 살폈습니다. 그때 찾은 꿈이 강의였습니다. 사람들 앞에서 의미 있는 내용을 알려 주는 강사가 되고 싶었습니다. 강의를 하려면 저서가 필요할 것 같아 2013년까지 책을 내고 싶다고 글로 적었습니다.

그때부터 인문 역량을 갖추기 위해 공부를 다시 시작했습니다. 아침부터 저녁까지 끊임없이 읽고 쓰기를 반복하며 꿈에 다가서기 위해 노력했습니다. 그 결과 2011년 12월, 드디어 미래 자서전과 관련한 첫 책이 나왔습니다. 그때부터 지금까지 25권의 책을 펴냈고, 전국을 다니며 강의도 하면서 살고 있습니다.

미래 자서전은 3년, 5년, 10년, 20년 후 목표 지점에 도착한 자신의 모습을 구체적으로 그려 보고, 꿈을 현실로 만들 수 있는 전략 시나리오입니다. 자신의 꿈을 이루는 로드맵이 되는 것이지요. 이렇듯 글로 쓰면 그 삶은 이루어질 것입니다.

Part 3

'멋있는' 삶을 위해

- 전략을 설계하는 시간

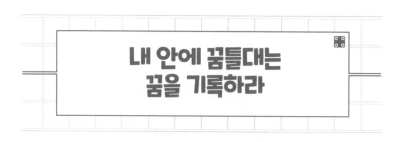

내 안에 꿈틀대는
꿈을 기록하라

어린 시절, 원하는 장난감이나 물건을 어떻게 가질 수 있었나요?
말하지 않아도 가족들이 척척 원하는 것을 사 주었나요? 아니면
바라는 것을 간절하게 이야기했을 때 사 주었나요?

대부분 후자일 것입니다. 꼭 필요한 것이라면 말하지 않아도
사 주었겠지만, 마음에 담겨 있는 것은 표현해야 얻을 수 있었을
것입니다. 때로는 거절을 당하기도 했을 것입니다. 그래도 포기
하지 않고 어린이날이나 생일 등 특별한 날에 간절한 마음으로
이야기하면 원하는 것을 가질 수 있는 확률이 높아지지요.

꿈도 다르지 않습니다. 간절하게 원하는 것이 있어야 이룰 수
있습니다. 아무것도 원하지 않는데 저절로 이루어지는 것은 없

습니다. 그래서 자신의 내면을 살피며 꿈틀대는 꿈을 발견해야
합니다. 꿈틀대지 않더라도 훗날 정말 해 보고 싶고, 이루고 싶은
것에 관심을 가져야 합니다. 자신이 관심을 가지고 살펴야 원하
는 것을 발견할 수 있으니까요.

청소년기에는 자신이 원하는 것이 무엇인지 잘 모를 수 있습
니다. 그럴 때는 자신이 바라는 것들을 적어 보는 것이 좋습니다.
자신에게 끊임없이 묻고 답하면서 해 보고 싶고, 이루고 싶고, 해
내야 할 것들을 목록으로 적어 보는 것입니다. 일명 '꿈의 목록'입
니다. 꿈의 목록에 이룰 날짜까지 적어 놓으면 자연스레 계획이
잡힙니다. 이 목록이 실제 이루어진 것처럼 쓰는 글이 미래 자서
전입니다.

실제 꿈의 목록을 써서 인생을 바꾼 사람이 많습니다. 그중 탐
험가이자 인류학자인 존 고다드가 있습니다. 존 고다드가 유명해
진 진짜 이유는 어렸을 때부터 적어 오던 '꿈의 목록' 때문입니다.

존 고다드는 15세에 할머니와 숙모가 지난날을 회상하며 후
회하는 이야기를 듣게 됩니다. '어린 시절에 꿈을 발견하고 노력
했으면 지금과 다른 인생을 살 수 있었을 텐데…….'라는 후회였
지요.

존 고다드는 그 이야기를 듣고 식탁에 앉아서 자신이 살아가

고 싶은 삶을 그리며 꿈의 목록을 적습니다. 유난히 탐험에 관심이 많았던 그는 탐험할 곳, 원시 문화 답사, 등반할 산, 배우고 싶은 것들, 사진 촬영, 수중 탐험, 해낼 일 등으로 영역을 나누어 구체적으로 적지요.

그렇게 적다 보니 목록은 무려 127개가 되었고, 그중 111개의 꿈을 이루었습니다. 그는 이후에도 계속해서 꿈의 목록을 작성하고, 500여 개의 목표를 더 이루었습니다. 그는 이렇게 말합니다.

> "꿈을 이루는 가장 좋은 방법은 목표를 세우고 집중하는 것이다. 그리하면 단지 희망 사항이었던 것이 꿈의 목록으로 바뀌고 다시 일의 목록으로 바뀐다. 그리하여 마침내 이루어 낸 목록이 된다. 꿈을 가지고 있는 것으로만 안 된다. 머리로 생각만 하는 것은 안 된다. 가슴으로 느끼고 손으로 적고 발로 뛰어야 하는 것이 꿈이다."

루 홀츠는 미국에서 가장 인기 있는 동기 부여 강사입니다. 그가 성공적인 인생을 살아갈 수 있었던 요인 중 하나는 28세에 대학 풋볼 팀 조교 자리에서 해고된 후 적은 꿈의 목록입니다.

루 홀츠의 아내는 직장을 잃고 실의에 빠져 있는 남편에게 데이비드 슈워츠의 『크게 생각할수록 크게 이룬다』라는 책을 선물합니다. 그는 책에서 '죽기 전에 자신이 이루고 싶은 목표 100가지를 적어 보라'는 대목을 발견하고 단숨에 107가지를 적습니다. '백악관에서 대통령과 식사하기, CBS의 투나잇 쇼에 출연하기, 소속 팀 챔피언 등극' 등 평소 마음에 품고 있었던 꿈들을 적었지요.

이후 루 홀츠는 신기하게도 목록 중 103가지가 실제로 이루어지는 경험을 합니다. 그는 수석 코치로 249승을 거두며 우승 제조기라는 별칭을 얻지요. 꿈의 목록을 적은 후 마법같이 인생이 바뀐 것입니다.

『멈추지 마, 다시 꿈부터 써 봐』의 저자 김수영도 꿈의 목록을 쓰고 인생을 바꾸었습니다. 그는 중학교를 중퇴할 정도로 문제아였습니다. 그러다 기자의 꿈을 품고 독학으로 연세대학교에 합격합니다. 대학 졸업 후 세계 최고의 투자 은행 골드만삭스에 입사하지만, 25세에 암세포가 발견되지요.

그는 수술 후 죽기 전에 해 보고 싶은 꿈의 목록 73개를 씁니다. 첫 번째 목록인 '한국을 떠나는 것'을 이루기 위해 2005년 무작정 런던으로 출국하면서 목록을 이루기 시작했고 결국 인생도 바꾸었습니다. 그는 "기적 같은 삶의 변화는 꿈을 쓰고 자신이 원하는 삶에 집중하는 데서 시작되었다."라고 말합니다.

여러분도 자신이 원하고, 해 보고 싶고, 만들고 싶고, 도전해 보고 싶은 것을 목록으로 적어 보세요. 꿈의 목록을 적고 하나씩 이루다 보면 여러분도 성공적인 인생의 주인공이 될 수 있습니다. 꿈의 목록을 적을 때 몇 가지 주의할 점이 있습니다.

첫째, 구체적으로 적어야 합니다. '돈 많이 벌기'와 같이 막연하게 적지 말고 '한 달에 500만 원 벌어서 300만 원 저축하기'처럼 구체적으로 적어야 합니다. 구체적으로 적어야 실현 가능성이 높아집니다.

둘째, 긍정적으로 적어야 합니다. '적는다고 진짜 이루어지겠어?'라는 의심은 던져 버리세요. 부정적 사고에 사로잡혀 있으면 꿈을 이룰 수 없습니다. 물론 꿈의 목록도 적을 수 없겠지요. 그러니 스스로 한계를 짓지 말고, 글로 적으면 이루어진다는 생각으로 마음껏 상상의 나래를 펼쳐 보세요.

저도 2007년에 2013년까지 책을 쓰겠다고 적고, 2011년에 작가가 되었습니다. 첫 책이 나온 후 다시 해마다 3권씩 쓰겠다고 적었고, 지금은 12년 만에 25권의 책을 펴냈습니다.

셋째, 상대방의 입장에서 생각하며 적어야 합니다. 자신의 입장에서만 생각하면 이룰 수 있는 것이 많지 않습니다. 동물, 환경 등 다른 대상에 공감하며 다가설 때 새로운 콘텐츠를 발견하거나 창조해 낼 수 있습니다. 이웃과 사회에 대한 공감 없이 자신의 입장에서만 생각한 목록은 꿈이 아니라 욕망으로 끝날 수 있다는 것을 기억하세요.

넷째, 자신의 어려움이나 아픔과 관련된 것도 마음껏 적어 보세요. 자신의 아픔과 어려움을 해결하려다 그것이 비전이 되어 사회에 공헌한 사람이 많으니까요.

세계 3대 테너인 호세 카레라스는 41세에 공연하다 백혈병 때문에 갑자기 쓰러지고 맙니다. 그는 건강을 회복한 후 '호세 카레라스 백혈병 재단'을 만들어 체계적으로 백혈병 환자들을 돕고 있습니다. 자신의 질병이 꿈으로 거듭난 것입니다.

지금부터 자신이 체험하고 싶고, 이루고 싶고, 해 보고 싶고, 가지고 싶고, 남기고 싶고, 돕고 싶고, 해내고 싶고, 만들고 싶은 것과, 자신만의 어려움과 아픔을 적어 보세요. 최대한 많이 쓰는 것이 좋습니다. 억지로 생각하며 쓸 때 새로운 것을 발견할 수도 있기 때문입니다.

꿈의 목록을 쓴 후 각각의 분야로 분류해 보면 자신이 가장 많이 적은 분야가 보이게 되고, 그 분야를 전공으로 선택할 수도 있습니다. 미래 자서전 프로그램에 참여한 한 학생은 반려동물과 관련된 목록이 많다는 것을 발견하고 '반려동물 코디네이터'라는 꿈을 설정할 수 있었습니다.

이처럼 꿈의 목록은 진로를 설계하는 데 큰 도움을 줍니다. 꿈의 목록에 날짜를 함께 적어 놓으면 목표가 되고, 목표를 잘게 나누면 계획이 됩니다. 계획을 실행에 옮기면 그 꿈은 바로 현실이 될 수 있습니다.

_____의 꿈의 목록 (30개 이상 적어 보세요.)

-
-
-
-
-
-
-
-
-
-
-
-
-
-
-
-
-
-
-
-
-
-
-
-
-
-
-
-
-
-
-

TALK

선생님, 질문 있어요!

Q
학생

저는 나중에 하고 싶은 게 정말 많아요. 그런데 어떤 기준으로 꿈을 정해야 할지 모르겠어요.

A
선생님

하고 싶은 게 많은 것은 좋은 현상이에요. 하지만 이것 저것 찔러만 봐서는 의미 있는 결과를 만들기 어렵습니다. 꿈은 뾰족할수록 이룰 가능성이 높기 때문이지요. 그래서 미래 자서전을 통해 진짜 자신이 살아가고 싶은 삶에 대해 써 봐야 합니다. 글로 쓰다 보면 자신이 원하는 삶인지, 아닌지 알 수 있거든요. 미래 자서전은 꿈이 이루어지는 과정을 중심으로 쓴 글이기 때문입니다.

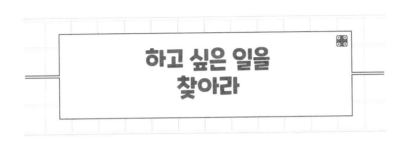

하고 싶은 일을
찾아라

자신이 원하는 삶을 살기 위한 진로 설계는 어떻게 하면 좋을까요? 우선 자신이 하고 싶은 일을 찾아야 합니다. 성적이나 누군가 이야기해 주는 것으로 진로를 선택하면 대2병에 걸릴 확률이 높습니다. '앞으로는 인공 지능 분야가 전망이 있으니 그와 관련된 학과를 선택해야지.'라는 생각도 좋지 않습니다. 전망이 있는 것과 자신이 하고 싶은 것은 다를 수 있기 때문입니다.

미국의 '스롤리 블로트닉' 연구소는 1960년부터 20년간 '직업 선택 동기에 따른 부의 축적 여부'에 관한 연구를 진행했습니다. 대상은 명문 아이비리그 졸업생 1,500명이었지요. 그들에게 다음과 같은 질문을 했습니다.

'사회생활에 첫발을 내디딜 때 무엇을 직업이나 직장 선택의 기준으로 삼을 것인가?'

이 질문과 함께 두 가지 예를 제시했습니다. 첫째는 '월급이 많고 승진이 빠른 직장'이었고, 둘째는 '하고 싶은 일을 하는 것'이었습니다. 조사 결과 83%인 1,245명이 '월급이 많고 승진이 빠른 직장'을 선택했습니다. 나머지 17%인 255명은 '하고 싶은 일을 하는 것'을 선택했지요.

그로부터 20년 후 그들을 추적 조사해 재산을 확인한 결과 101명이 백만장자가 되어 있었습니다. 그런데 놀라운 점은 101명 가운데 단 한 명을 제외한 100명이 '하고 싶은 일을 하는 것'을 선택한 사람들이었습니다. 눈앞의 조건보다 하고 싶은 일을 선택한 사람이 부자가 될 가능성이 크다는 것을 알려 주는 결과입니다.

위의 조사가 1960년에 시작된 것이라고 무시하면 안 됩니다. 현재도 하고 싶은 일을 선택하는 사람이 부자가 될 확률이 높으니까요.

대표적인 사람이 주식 투자로 부자가 된 워런 버핏입니다. 그가 컬럼비아대학교에서 강연할 때 한 학생이 손을 들고 성공의 비결을 물었습니다. 그는 망설임 없이 이렇게 대답했습니다.

"돈을 많이 벌어 줄 것 같은 일을 선택하지 말고, 자신이 좋아하는 일을 하십시오. 나는 운 좋게 좋아하는 일을 일찍 발견할 수 있었습니다."

앞에서 소개했던 존 고다드에게 어떻게 그 많은 꿈을 이룰 수 있었냐고 묻자, 그는 이렇게 대답했습니다. 이 답은 특히 청소년들이 새겨 들어야 할 조언입니다.

"지금까지 살아온 당신의 인생을 돌아보십시오. 그리고 '만일 내가 1년을 더 산다면 무엇을 할 것인가'에 대해 생각해 보십시오. 우리 모두는 마음속에 각자가 하고 싶은 일들이 있습니다. 미루지 말고 즉각 해 보십시오."

그렇다면 어떻게 해야 하고 싶은 일을 찾을 수 있을까요? 자신이 평소에 관심을 두고 있는 것이 무엇인지 살펴보면 좋습니다. 환경이나 조건에 상관없이 하고 싶은 것들을 적은 후 진로와 연결 지어 보는 것입니다. 게임을 좋아한다면 그와 관련된 일과 분야, 전공으로 연결 지을 수 있어야 의미 있는 결과를 만들 수 있습니다.

다음 질문들을 통해 자신이 하고 싶은 것이 무엇인지 생각해 보고, 답을 적어 보세요.

• 내가 제일 재미있어 하는 것은 무엇인가?

• 내가 잘하거나 좋아하는 것은 무엇인가?

• 주변 사람들은 나에게 어떤 재능이 있다고 말해 주는가?

• 아무리 오랜 시간을 집중해도 지치지 않고 즐겁게 하는 것은 무엇인가?

• 누가 시키지도 않았는데 열정을 쏟아부으며 한 일은 무엇인가?

• 주로 어떤 생각에 몰입되어 있는가?

• 내가 원하는 삶은 무엇인가?

• 내가 원하는 삶은 우리 사회에 어떤 영향을 끼칠 수 있다고 생각하는가?

• 누군가의 삶에 좋은 변화를 준 적이 있는가?

• 누군가의 삶에 좋은 변화를 준 적이 있다면, 그때 어떤 기분과 생각이 들었는가?

• 죽은 후에 어떤 사람으로 기억되기를 바라는가?

답을 적으면서 하고 싶은 일을 발견했나요? 그렇다면 그 일을 통해 어떤 세상을 만들어 가고 싶은지 확장시켜 생각해 봐야 합니다. 진로 설계는 세상 속에서 자신의 역량을 펼쳐 가는 것이기 때문입니다.

직업은 다른 사람들을 돕는 행위입니다. 의사는 환자를, 선생님은 학생을, 수의사는 동물을 돕습니다. 이렇듯 자신이 하는 일을 통해 다른 사람들을 돕고, 세상을 좋은 쪽으로 변화시키는 것이 곧 꿈입니다. 자신이 하고 싶은 일과 만들고 싶은 세상을 효과적으로 연결 지어야 의미 있는 진로 설계를 할 수 있습니다.

여러분이 만들어 가고 싶은 세상은 무엇인가요? 다음 내용을 참고해 적어 보세요.

내가 만들어 가고 싶은 세상은 _____

_____이다.

例 - 상처받은 사람들이 포기하지 않고 씩씩하게 살아가는 세상
  - 인종, 성별, 외모, 환경 등으로 차별을 받지 않는 세상
  - 돈이 없어서 병을 치료받지 못하는 사람이 사라지는 세상
  - 최첨단 과학 기술로 모두가 행복하게 살아가는 세상
  - 인공 지능을 활용해 모두가 편리하게 살아가는 세상
  - 정직하게 살아가는 사람들이 대우받고 잘살 수 있는 세상
  - 높은 지위와 권력을 활용해 부와 지위가 대물림되지 않는 세상
  - 남녀, 세대가 갈등하지 않고 서로 도우며 살아가는 세상
  - 가족들이 서로 사랑하고 상처를 주지 않는 세상
  - 전쟁으로 고통받는 사람들이 사라지는 세상

TALK

선생님, 질문 있어요!

Q

학생

다른 친구들은 이미 진로를 정하고, 그에 맞는 준비를 하고 있어요. 그런데 저는 아무것도 하고 있지 않아서 너무 불안해요. 어떻게 하면 좋을까요?

A

선생님

청소년기에는 꿈이 명확하지 않을 수 있습니다. 어른이 되어서도 "이것이 내 진짜 꿈이야."라고 명확하게 이야기할 수 있는 사람은 드물거든요. 우리는 평생 꿈을 꾸고, 이루고, 다시 꿈을 꾸며 살아가는 존재입니다. 그러니 자신이 바라는 꿈은 천천히 찾아도 돼요.

여기서 중요한 점이 있어요. 바로 친구들과 비교하지 않는 것입니다. 불안해하고 서두르면 일을 그르치는 경우가 많으니까요. 차분한 마음으로 자신을 살펴보세요. 과거와 현재를 살피다 보면, 분명히 바라고 원하는 것을 찾을 수 있을 거예요.

삶의 목적지를 설정하라

청소년기에 발견해야 할 것 중 하나가 삶의 목적입니다. 삶의 목적은 자신이 추구하는 관심사와 연결되어 있습니다. 자신이 꿈꾸고, 하고 싶고, 해내야 할 것을 말하지요. 이는 어떤 일이 닥쳐도 해내고 말겠다는 의지를 품고 있어서 포기하지 않고 목적을 향해 나아가는 동력이 됩니다.

청소년기에 삶의 목적을 발견하는 것이 얼마나 중요한지는 스탠퍼드대학교 윌리엄 데이먼 교수의 연구를 통해 알 수 있습니다.

윌리엄 데이먼 교수는 세계 3대 석학으로 불릴 정도로 유명합니다. 그는 청소년이 진로를 결정하지 못하고 방황, 무기력, 막연한 불안감에 시달리고 있는 이유를 삶의 목적이 뚜렷하지 않기 때문이라고 말합니다. 삶의 목적이 뚜렷하지 않아 자살과 이탈, 우울증과 같은 심각한 문제로 이어진다는 것이지요. 그래서 삶의 목적을 발견해야 한다고 강조합니다. 그가 30년 동안 청소년을 연구하면서 내린 결론입니다.

삶의 목적은 '무엇을 위해 살 것인가?'에 답하는 것입니다. 이 질문에 답하기 위해 '나에게 중요한 것은 무엇인가? 왜 이것이 중요한가? 내 삶에서 궁극적으로 하고자 하는 바는 무엇인가? 어떻게 살아가야 할 것인가?'와 같은 질문이 필요하다고 합니다. 이 질문에 대한 답을 찾지 못하면 방황은 계속 이어질 것이라고 말합니다.

여기서 한 가지 중요한 점이 있습니다. 삶의 목적이 '자신에게 의미 있을 뿐 아니라 자신을 넘어선 세상을 위해 중요한 무언가를 성취하고자 하는 장기적인 의도'여야 한다는 것입니다.

윌리엄 데이먼 교수는 청소년 1,200명을 대상으로 연구한 후 네 부류의 삶이 있다는 것을 발견했습니다. 삶의 목적에 무관심한 청소년, 꿈만 꾸는 청소년, 이것저것 찔러 보기만 하는 청소년, 확고한 목적이 있는 청소년이지요.

삶의 목적에 무관심한 청소년들은 아무런 목적 없이 살았습니다. 이들은 대체로 쾌락적이고 자극적인 것에 관심이 많았고,

자신과 관련 없는 활동에는 무관심했지요. 꿈만 꾸는 청소년들은 막연한 목표 정도 있었습니다. 이들은 두루뭉술하게 생각하고 있어서 오늘 무엇을 준비해야 할지 모른 채 살아갔습니다. 이것저것 찔러 보기만 하는 청소년들은 관심이 있는 것이 많았습니다. 하지만 그런 활동이 장차 자신의 삶에 어떤 의미를 가져다 줄 것인지에 대해서는 알지 못했습니다. 그저 마음이 끌리는 대로 움직일 뿐이었지요.

확고한 목적이 있는 청소년들은 자신이 헌신할 가치가 있다고 생각하는 것을 발견했습니다. 이들은 그것을 성취해야 하는 이유도 명확히 알고 있었습니다. 또한 그것을 이루기 위한 계획과 실천 의지를 가지고 실제로 실천하며 나아갔습니다. 이들은 힘들 때 인내할 줄도 알았습니다. 결국 이들은 자신이 원하는 삶의 목적을 이루고 성공적인 삶을 살았습니다.

여러분은 이 네 부류 중 어디에 속하나요? 여러분은 인생의 확고한 목적이 있나요? 삶의 목적은 자신이 무엇을 하며 살 것인가와 맞닿아 있습니다. 그 일을 통해 사람들에게 유익을 주고, 자신도 삶의 의미를 느끼는 것이지요.

'무엇을 위해 살 것인가'는 도달해야 할 인생 목적지라고 생각하면 됩니다. 목적지를 설정하는 작업이라 생각하고, 차분하게 자신의 삶을 들여다보기를 바랍니다.

다음 내용을 참고해 자신만의 목적을 설정해 보세요.

나는 _____

_____것이다.

예 - 중등학교 수학 교사가 되어 방황하는 청소년들에게 비전을 심어 줄 것이다.
 - 각박한 세상 속에서 사랑을 잃어 가는 사람들에게 진정한 사랑이 무엇인지 전해 줄 것이다.
 - 자기 계발 전문가와 동기 부여 연설가가 되어 사람들의 삶이 변할 수 있도록 도울 것이다.
 - 아름다운 가구를 만들어 사람들에게 쉼과 행복을 선물해 줄 것이다.
 - 의료 로봇을 만들어 몸이 불편한 사람들에게 도움을 줄 것이다.
 - 마음이 아픈 사람들을 위로하고, 상처를 치유해 주는 일을 할 것이다.
 - 재미있는 글을 써서 지루하고 메마른 삶을 사는 사람들에게 웃음과 행복을 선물해 줄 것이다.
 - 우주를 연구해 인류가 우주에서 생활할 수 있도록 도울 것이다.
 - 동물들이 학대받지 않고 사람들과 어울려 함께 살아가는 세상을 만들 것이다.
 - 범죄와 폭력 등으로 힘들어하는 이웃을 지키며 도와주는 삶을 살 것이다.

비전 선언문을 작성하라

나만의 비전 선언문이 필요한 이유는 무엇일까요? 성공하는 사람들은 저마다 비전 선언문과 같은 것이 준비되어 있습니다. 그것을 글로 적어 두고 앞으로 나아갑니다. 기업들도 나아가야 할 방향을 설정해 정체성을 확립하지요.

사명은 비전 선언문과 비슷한 개념입니다. 구글의 사명은 '세상의 모든 정보를 조직화해서 누구라도 쉽게 접근하고 사용할 수 있게 하는 것'입니다. 먹는 코로나 치료제를 개발한 머크의 사명은 '인간의 삶을 보호하고 향상시킨다'입니다. 디즈니의 사명은 '사람들을 행복하게 만들자'이며, 스타벅스의 사명은 '자연과 인간 정신을 고양하는 것'입니다. 메타(페이스북)의 사명은 '세상을 지금보다 더 열린 사회로 만드는 것'이지요. 이처럼 성공한 기업들은 기업의 정체성을 명확하게 설정한 사명이 있었음을 알 수 있습니다.

미래 자서전을 집필하는 과정에서 쓰는 비전 선언문은 마틴 루서 킹 목사의 'I Have a Dream(나에게는 꿈이 있습니다).'을 참조해서 만들 것입니다. 여기서 Dream의 의미는 '꿈'이 아니라 '비전'입니다. 미국 사람들은 비전과 Dream(꿈)을 구별 없이 사용하고 있기에 그렇습니다.

마틴 루서 킹 목사는 흑인 인권이 처참하게 짓밟힌 시절, 마음의 눈으로 미래를 선명하게 그렸습니다. 그리고 그 소원을 간결한 문장으로 정리해 수많은 사람에게 연설로 알렸습니다. 이 연설의 내용은 마침내 현실이 되었습니다.

나에게는 꿈이 있습니다. 조지아의 붉은 언덕에서 노예의 후손들과 노예 주인의 후손들이 형제처럼 손을 맞잡고 나란히 앉게 되는 꿈이 있습니다.
나에게는 꿈이 있습니다. 이글거리는 불의와 억압이 존재하는 미시시피주가 자유와 정의의 오아시스가 되는 꿈이 있습니다.

마틴 루서 킹 목사가 자신의 꿈을 정리해 많은 사람에게 호소했던 것처럼 여러분의 인생을 이끌어 갈 수 있는 삶의 목표와 목적, 그리고 소중한 가치를 일목요연하게 정리해 비전 선언문으로 작성해 보세요. 다음에 제시한 내용을 따라서 쓰다 보면 나답게 살 수 있도록 이끌어 주는 비전 선언문이 완성될 것입니다.

'나는 꿈이 있습니다' 첫 번째 목록에는 이 세상에서 살아가면서 꼭 이루며 나아가야 할 비전을 적습니다. 비전은 '내가 만들어 가고 싶은 세상'에서 적은 것을 바탕으로 하면 됩니다. 예를 들어 '상처받은 청소년이 낙오하지 않게 돕는 세상'을 만들고 싶다면 그것을 바탕으로 자신이 원하는 삶과 연결 지어 목록을 적으면 됩니다.

나는 꿈이 있습니다. _____
_____**날이 올 것이라는 꿈이 있습니다.**

예 - 나는 꿈이 있습니다. 청소년들에게는 균형 잡힌 가치관, 삶의 목표가 분명하지 않은 사람들에게는 비전을 심어 주는 날이 올 것이라는 꿈이 있습니다.
- 나는 꿈이 있습니다. 상처받은 빈민 아이들도 모두 교육의 혜택을 받을 수 있는 날이 올 것이라는 꿈이 있습니다.
- 나는 꿈이 있습니다. 정직한 방송을 통해 많은 사람에게 꿈과 희망을 전하는 날이 올 것이라는 꿈이 있습니다.
- 나는 꿈이 있습니다. 의료 혜택을 받지 못하는 가난한 사람들에게 도움을 줄 수 있는 날이 올 것이라는 꿈이 있습니다.

'나는 꿈이 있습니다' 두 번째 목록에는 자신의 비전을 감당하기 위해 해야 하는 역할을 구체적으로 적습니다. 자신이 원하는 분야나 직업도 포함시켜야 합니다. 이것은 언제 어디에서 무엇을 할 것인지 구체적인 타이밍과 데드라인도 적어야 합니다. 그래야 실천 의지가 생기기 때문입니다.

> **나는 꿈이 있습니다.** _____
> _____**꿈이 있습니다.**

> 예 - 나는 꿈이 있습니다. 2036년까지는 청소년 정신과 전문의가 되어 많은 청소년의 문제를 해결해 주는 날이 오리라는 꿈이 있습니다.
> - 나는 꿈이 있습니다. 2030년까지는 시각 디자이너가 되어 의미 있는 작품을 제작할 것이라는 꿈이 있습니다.
> - 나는 꿈이 있습니다. 2034년까지는 국어 선생님이 되어 학생들에게 다양한 문학 작품들로 삶의 의미를 깨우쳐 줄 것이라는 꿈이 있습니다.
> - 나는 꿈이 있습니다. 2050년까지는 전문 경영인(CEO)이 되어 우리나라를 대표하는 기업을 운영하는 꿈이 있습니다.

'나는 꿈이 있습니다' 세 번째 목록에는 자신의 역할이나 직업, 직책 등을 통해 더 이루고 싶거나 하고 싶은 것들을 적습니다. 꿈을 이루어 가는 데 필요한 프로젝트를 넣어도 좋습니다.

나는 꿈이 있습니다. _____
_____ 꿈이 있습니다.

- 나는 꿈이 있습니다. 2037년까지 온라인 역사 강좌를 개설해 역사를 쉽게 알려 주는 스타 강사가 되고 싶은 꿈이 있습니다.
- 나는 꿈이 있습니다. 2046년까지 진로 컨설팅 회사를 세워 청소년과 취업 준비생, 운동선수를 대상으로 진로를 설계해 주겠다는 꿈이 있습니다.

'나는 꿈이 있습니다' 네 번째 목록에는 꿈을 이루기 위해 생활에서 꼭 갖추어야 할 태도를 적습니다. 공부, 친구 관계, 표정, 삶의 태도, 습관 만들기 등을 자세히 적어 삶의 지표로 삼습니다. 구체적으로 적을수록 그 목록을 이루어 가는 데 도움이 됩니다.

아래는 저의 목록입니다. 이것을 참고해서 여러분만의 목록을 만들어 보세요.

나는 위 꿈을 이루기 위해 다음과 같은 삶의 태도와 습관을 갖추도록 최선을 다할 것입니다. _____
_____
_____

예 - 나는 위 꿈을 이루기 위해 다음과 같은 삶의 태도와 습관을 갖추도록 최선을 다할 것입니다. 삶의 본을 보이고, 정직하고 성실할 것입니다. 의문은 탐구하고, 표정은 따뜻하게 할 것입니다. 감정에 미혹되지 않으며, 사랑하며 나누는 삶을 살 것입니다. 무엇보다 이 모든 일을 이루어 감에 있어, 하나님의 의를 잊지 않기 위해 힘쓸 것입니다.

지금까지 작성한 '나는 꿈이 있습니다' 목록을 다음에 옮겨 적어 보세요. 자신을 잘 나타내고 언제 보아도 가슴 설레는 문장일수록 그 비전이 이루어질 확률이 높습니다. 다듬고 또 다듬어서 자신만의 멋진 비전 선언문을 작성해 보세요.

　다 작성한 비전 선언문은 인쇄해서 책상에 붙여 두고, 시간 날 때마다 읽으면서 마음에 새겨 보세요. 그러면 자신의 삶을 행복한 길로 이끌어 줄 것입니다. 이 비전 선언문은 나중에 미래 자서전 뒤표지에 수록해도 좋습니다.

　다음은 중학교 3학년 학생이 쓴 비전 선언문입니다. 이를 참고해서 자신만의 비전 선언문을 만들어 보세요.

백○○의 비전 선언문

나는 꿈이 있습니다. 상처받고 소외된 사람들의 마음과 삶을 새롭게 하도록 도와주는 날이 올 것이라는 꿈이 있습니다.

나는 꿈이 있습니다. 2034년까지는 변호사가 되어 사람들의 삶과 행복을 위해 솔선수범하리라는 꿈이 있습니다.

나는 꿈이 있습니다. 인권 변호사로 활동하며 누구도 맡지 않았던 일을 변호하겠다는 꿈이 있습니다.

나는 위 꿈을 이루기 위해 다음과 같은 삶의 태도와 습관을 갖추도록 최선을 다할 것입니다. 도움을 줄 기회가 생긴다면 그 기회를 놓치지 않을 것입니다. 꽉 막혀 보이는 상황에서도 언제나 대안을 찾을 것입니다. 무슨 일이든지 최선을 다할 것입니다. 매일 자신을 돌아보는 습관을 지닐 것입니다. 주어진 시간에 감사하며 시간을 허투루 쓰지 않을 것입니다.

_____의 비전 선언문

나는 꿈이 있습니다. _____
_____ 날이 올 것이라는 꿈이 있습니다.

나는 꿈이 있습니다. _____
_____꿈이 있습니다.

나는 꿈이 있습니다. _____
_____꿈이 있습니다.

나는 위 꿈을 이루기 위해 다음과 같은 삶의 태도와 습관을 갖추도록 최선을 다할 것입니다. _____

_____

_____

_____

_____

_____

미래 이력서로
인생 지도를 만들어라

학교를 졸업하고 사회 활동을 하면 이력履歷이 쌓인다고 말합니다. 커리어career를 쌓는다고도 하지요. 이는 어떤 분야에서 겪어 온 일이나 쌓아 온 경험, 학업이나 종사했던 직업의 발자취입니다.

이렇게 쌓은 이력은 취업 활동에 활용합니다. 기업에서는 구직자를 파악하기 위해 자기소개서나 이력서를 요구합니다. 자기소개서는 기업에서 제시한 문항에 맞춰 자신이 어떤 사람인지를 서술하는 글이고, 이력서는 지금까지 자신이 살아온 이력을 적은 문서입니다.

이력서는 자신이 살아온 흔적을 적은 문서지만, 이것을 거꾸로 바꾸어 쓰면 자신이 살아갈 삶을 디자인하는 용도로 활용할 수 있습니다. 자신이 바라는 학력, 자신이 이루고 싶은 업적이나 경력을 미리 설계해 보는 것입니다. 살아갈 삶을 이미 살아온 것처럼 쓰는 것이어서 '미래 이력서'라고 합니다.

이력서에는 순서대로 날짜를 기입해 삶의 궤적을 살필 수 있습니다. 이처럼 미래 이력서도 날짜와 함께 자신이 바라는 이력을 적기 때문에 언제 어디서 무엇을 해야 하는지 한눈에 파악할 수 있습니다.

청소년이 미래 이력서를 활용하면 자신이 언제 어디서 무엇을 해야 할지 명료하게 알 수 있습니다. 미래 이력서가 자신이 바라는 것을 이루어 주는 인생 지도 역할을 하게 되지요.

실제로 미래 이력서를 써서 기록한 대로 꿈을 이룬 사람이 있습니다. 바로 한남대학교 총장을 지낸 이원설 박사입니다. 그는 자전적 소설 『50년 후의 약속』에서 과거에 자신이 쓴 미래 이력서를 돌아보며 실제 살아온 인생과 비교해 다음과 같이 회상했습니다.

"미래 이력서에 의하면, 나는 1960년에 박사 학위를 받는 것으로 되어 있었다. 비록 1년 늦었지만, 그 비전은 실제로 성취되었다. 나는 34세에 한국 문교부의 고등 교육 국장이 되었으며, 39세 되던 1969년부터 이미 단과 대학 학장으로 일하기 시작했다. 그리고 51세에 경희대학교 부총장이 되었고, 54세에

는 다른 종합 대학의 총장이 되었다. 내가 글로 적은 비전보

다 여러 해 앞당겨진 것이다."●

다음은 이원설 박사가 쓴 미래 이력서와 실제 이력서입니다.

이원설의 미래 이력서		이원설의 실제 이력서	
2000년	은퇴(70세)	1961년	박사 학위 취득
1992~1999년	한국 대학에서 총장	1964년	한국 문교부 고등 교육 국장
1985~1991년	한국 대학에서 대학원장	1969년	단과 대학 학장
1980~1984년	한국 대학에서 학장	1981년	대학교 부총장
1972~1979년	한국 대학에서 교수	1984년	대학교 총장
1968~1971년	미국 대학에서 교수		
1961~1967년	한국 대학에서 조교수		
1960년	박사 학위 취득(30세)		

보통 이력서는 경력을 내림차순으로 작성하지만, 미래 이력서

는 오름차순으로 작성하면 좋습니다. 최종 목표를 제일 위에 적

고, 그 밑으로 경력 및 학력 등을 적어 나가면 됩니다. 최종 목표

를 제일 위에 놓으면 꿈을 이룬 자신의 모습이 뚜렷하게 시각화

● 강헌구, 『아들아, 머뭇거리기에는 인생이 너무 짧다 1』, 한언, 2001.

되는 장점이 있기 때문입니다.

미래 이력서의 효과는 이미 검증되었습니다. 그러니 여러분도 자신만의 미래 이력서를 완성해 보세요. 지금까지 작성한 꿈의 목록, 하고 싶은 일, 무엇을 위해 살 것인가, 비전 선언문을 바탕으로 자신의 미래를 그려 보세요. 진학하고 싶은 대학과 학과, 학위 취득 및 경력, 프로젝트 성취, 일하고 싶은 회사의 부서와 직능, 궁극적인 삶의 목표 등을 성취하고 싶은 연도와 함께 적으면 됩니다. 미래 이력서가 진짜 이력이 될 것이라는 믿음으로 자신의 삶을 디자인해 보세요.

_____의 미래 이력서	
~	
~	
~	
~	
~	
~	
~	
~	

Part 4

글쓰기로
'나만의 삶'
완성하기

- 인생을 설계하는 시간

글쓰기도 준비 운동이 필요하다

글쓰기를 방해하는 요소 물리치기

미래 자서전은 자신을 이해하고 상처를 치유하고 미래를 설계하는 최고의 도구입니다. 단지 글쓰기만을 통해 미래 자서전의 장점을 온전히 누릴 수 있지요. 그런데도 많은 청소년이 미래 자서전 쓰기를 꺼려 합니다. 다양한 요소가 글을 쓰지 못하도록 방해하고 있기 때문입니다.

글쓰기로 인생을 변화시키려면 먼저 글을 쓰지 못하도록 방해하는 요소들을 제거해야 합니다. 과연 어떤 요소들이 미래 자서전을 쓰지 못하도록 방해하고 있을까요?

첫째, 글쓰기보다 성적 올리는 것이 더 효과적이라는 생각입니다. 부모와 학생 모두 글쓰기가 중요하다는 것은 알고 있습니다. 살면서 글쓰기 능력을 장착하는 것이 어떤 능력보다 필요하다는 것도 느낍니다. 하지만 당장 성적을 올리는 것보다 더 중요하다고 생각하지는 않습니다. 성적을 올리는 데 최대한 시간을 할애하는 것이 훨씬 효과적이라고 여기는 것이지요. 글쓰기는 중요하기는 하지만 당장 대학 입시에 직결되지 않기에 시간을 투자하지 않는 것입니다. 하지만 글쓰기 능력은 평생 활용할 수 있는 아주 중요한 능력입니다.

둘째, 긴 글을 쓸 만한 시간이 없어서입니다. 요즘 청소년들은 너무 바쁩니다. 학교, 학원, 과외, 레슨 등으로 하루가 빠듯합니다. 교과 성적뿐만 아니라 수행 평가 등을 제대로 해내려면 정말 바쁘게 움직여야 합니다.

그러다 보니 차분하게 자신의 삶을 들여다보지 못합니다. 삶을 면밀히 들여다볼 수 없으니 글을 쓸 수도 없습니다. 하지만 글쓰기 능력의 중요성을 깨닫게 된다면 얼마든지 글 쓸 시간을 만들 수 있습니다. 우선순위를 조정하면 시간이 없다는 방해 요소에서 자유로울 수 있습니다.

셋째, 글쓰기에 대한 자신감이 없어서입니다. 청소년들은 글쓰기를 제대로 배울 수 있는 과정이 부족합니다. 제대로 배우지 않다 보니 자신의 생각과 마음을 잘 표현하지 못합니다. 글을 쓰면 칭찬보다는 충고나 조언을 더 많이 듣게 되지요. 이 때문에 글쓰기에 대한 두려움에 사로잡혀 도전하기를 주저합니다. 글쓰기 최대의 적은 두려움입니다. 두려움을 극복하지 못하면 글쓰기는 아주 어려운 작업이 되고 맙니다.

그렇다면 어떻게 해야 두려움이라는 방해 요소를 물리칠 수 있을까요? 무엇이든지 처음부터 잘할 수 있는 것은 아무것도 없다고 생각해야 합니다. 누구나 처음에는 실수하거나 실패합니다. 글쓰기도 다르지 않습니다. 그래서 실수해도 괜찮다는 용기를 가져야 합니다. '그래, 한번 해 보는 거야. 잘 못 쓰면 배워서 다시 쓰면 되지 뭐!'라고 생각하며 도전한다면 반드시 좋은 결과로 이어질 것입니다. 두려움이라는 방해 요소를 극복해야 무엇이든지 도전하고 결과를 만들어 낼 수 있다는 사실을 꼭 기억하세요.

4차 산업 혁명 시대에는 글쓰기 능력이 더욱 필요합니다. 4차 산업 혁명 시대에 필요한 역량 중에 비판적 사고, 분석력, 추론 능력, 복잡한 문제 해결, 리더십, 창의성 등이 있는데 이는 모두 글쓰기와 연결되어 있습니다. 그래서 지혜로운 사람들은 당장 우선순위에서는 밀리지만 미래를 위해 글쓰기 능력을 갖추는 데 시간을 투자합니다.

글쓰기는 재능이 아니라 훈련의 영역입니다. 글쓰기에 필요한 능력이 무엇인지 배우고 익히고 훈련해야 잘 쓸 수 있지요. 따라서 당장 자신감이 없어도 도전해야 합니다.

메타 CEO인 마크 저커버그가 하버드대학교 졸업식 연사로 초청되어 전한 메시지 중에 이런 내용이 있습니다.

"가장 위대한 성공은 실패할 자유가 있을 때 나온다."

자유롭게 시도하고 도전할 때 의미 있는 결과를 만들어 낼 수 있다는 메시지입니다. 여러분도 미래 자서전을 통해 글쓰기에 마음껏 도전하기를 바랍니다.

잘 읽어야
잘 쓸 수 있다

미래 자서전은 인생 설계 프로그램입니다. 행복한 인생을 살기 위해 청소년기에 글쓰기로 미리 한평생을 살아 보는 것이지요. 그러려면 행복한 인생, 의미 있는 삶이 무엇인지에 대한 개념이 정립되어 있어야 합니다. 행복한 인생에 대한 개념이 정립되어 있지 않으면 어떻게 살아가야 할지 설계하는 데 어려움을 겪을 수 있으니까요.

많은 청소년이 진로를 설계할 때 부자가 되는 것을 꿈꿉니다. 돈은 자본주의 사회에서 정말 중요한 역할을 합니다. 하지만 부자는 돈이 많은 사람이지, 행복한 사람은 아닙니다. 그래서 행복한 인생, 성공한 인생, 의미 있는 인생이 무엇인지 미리 탐색해야 합니다.

　좋은 삶을 살아가려면 이미 그런 인생을 산 사람들에게서 배우면 좋습니다. 그래서 독서가 필요합니다. 그렇다면 어떤 책을 읽어야 자신의 앞날을 내다볼 수 있을까요?

　첫 번째는 위인전입니다. 훌륭한 업적을 남긴 위인들의 삶을 통해 의미 있는 인생을 위한 토대를 마련할 수 있습니다. 꼭 위인이 아니더라도 현시대에 좋은 영향을 끼치는 사람들의 책을 선택해도 좋습니다. 더 몰입하며 읽을 수 있고, 모델링할 만한 요소도 많기 때문입니다.

　위인전은 위인들의 성공 요인을 벤치마킹하기 위한 목적으로 읽어야 합니다. 어린 시절은 어떻게 보냈고, 꿈을 품게 된 동기는 무엇이며, 방해 요소나 고난을 어떻게 극복하며 꿈을 이루었는지 분석하는 것이지요. 이를 자신의 미래 자서전에 적용해 글로 풀어내면 됩니다. 글은 현실감을 불러일으키므로 어려운 상황이 닥치면 위인에게 배운 것을 토대로 슬기롭게 어려움을 극복해 나갈 수 있습니다.

　위인전이나 현시대에 좋은 영향을 끼치는 사람들의 책을 읽을 때 분석해야 할 사항이 있습니다. 바로 생애와 업적 및 영향력입니다. 이를 분석한 후 자신이 느낀 감동과 본받을 점을 정리해야 합니다. 이것들이 자신의 생각과 가치를 만들어 내고, 그 생각과 가치가 삶을 이끌어 가는 토대가 되기 때문입니다.

다음은 위인전이나 현시대에 좋은 영향을 끼치는 사람들의 책을 분석하는 데 도움이 되는 질문입니다. 각 질문에 답을 하면서 자신의 삶을 설계하고 글로 쓰는 데 참고하기를 바랍니다.

생애

• 주인공이 살았던 시대적 배경은 어떠했나요?(정치, 사회, 경제, 문화 등)

• 주인공의 가정 환경과 생활 모습은 어떠했나요?(가족 관계, 생활 정도 등)

• 주인공이 꿈을 품게 된 동기는 무엇인가요?

• 주인공은 자신의 꿈을 이루기 위해 어떤 노력을 기울였나요?

• 주인공의 삶에서 가장 어려웠던 부분은 무엇이며, 어떻게 극복해 나갔나요?

• 주인공의 삶이 성공할 수밖에 없었던 요인은 무엇이라고 생각하나요?

업적 및 영향력

· 주인공이 남긴 대표적인 업적은 무엇인가요?

· 주인공의 업적은 다른 사람들이나 세상에 어떤 영향을 끼쳤나요?

· 주인공이 가장 중요하게 여긴 삶의 가치는 무엇인가요?

· 주인공이 가장 중요하게 여긴 삶의 가치가 주는 영향력은 어느 정도라고 생각
하나요?

감동 및 적용

· 주인공의 삶이 어떤 점에서 훌륭하다고 생각하나요?

· 주인공의 삶을 통해 본받을 점은 무엇인가요?

· 주인공의 삶에서 이것만큼은 배웠으면 좋겠다고 생각한 것은 무엇인가요?

두 번째는 미래학 서적입니다. 4차 산업 혁명 시대는 하루가
다르게 변화가 일어나고 있어서 시대를 읽어 내는 능력이 필요합
니다. 시대를 읽어 낸 후 자신의 삶과 연결시켜야 성공적인 인생

을 살아갈 수 있습니다. 자신이 앞으로 살아갈 삶이나 일과 관련된 미래를 읽지 못하면 의미 있는 인생을 살 수 없습니다. 그래서 미래학 서적으로 자신의 진로를 예측할 수 있어야 합니다.

빌 게이츠는 마이크로소프트를 세계적인 기업으로 발돋움시켰습니다. 그가 성공적으로 기업을 운영할 수 있었던 비결은 '생각 주간Think Week'이었습니다. 그는 1년에 두 번씩 일주일 동안 별장에 들어가 미래를 예측할 수 있는 책을 읽었습니다. 그때 읽은 책을 토대로 회사의 미래를 구상했고, 그것이 회사를 성장시킨 원동력이 되었습니다.

미래학 서적은 미래를 예측하고 시대의 흐름을 꿰뚫어 보기 위한 목적으로 읽으면 좋습니다. 특히 자신이 관심을 두고 있는 분야의 미래가 어떻게 펼쳐질지 연결 지을 수 있어야 합니다. 그래야 효과적으로 미래를 설계할 수 있고, 변화하는 시대에 유연하게 적응할 수 있습니다.

세 번째는 꿈을 이룬 사람들의 성공 에세이입니다. 미래의 인생에 대한 내용만 없을 뿐 미래 자서전 콘셉트와 비슷합니다. 그래서 배울 수 있는 점이 많습니다. 젊은 사람들이 쓴 경우가 많아 청소년들이 동기를 부여받는 데 매우 효과적입니다.

박성혁의『이토록 공부가 재미있어지는 순간』, 오현호의『부시

파일럿, 나는 길이 없는 곳으로 간다』, 박철범의 『하루라도 공부만 할 수 있다면』 등의 책들도 위인전을 분석하는 방식으로 살펴보세요. 꿈을 이루어 가는 과정이 미래 자서전 형식과 비슷해서 진로 글쓰기를 하는 데 도움이 될 것입니다.

　마지막은 또래 학생들이 쓴 미래 자서전입니다. 지금까지 많은 청소년이 미래 자서전으로 자신의 인생을 설계했습니다. 저는 2007년부터 청소년들이 미래 자서전 쓰기로 인생을 설계하도록 돕고 있습니다. 저뿐만 아니라 많은 학교와 도서관에서 미래 자서전으로 인생을 설계하는 프로그램을 운영하고 있습니다. 그곳에서 펴낸 책들을 수소문해서 읽어 본다면 미래 자서전을 쓰는 데 많은 도움이 될 것입니다.

선생님, 질문 있어요!

Q

학생

미래 자서전을 쓸 때 미래의 모습은 꿈이 이루어진 것을 상상해서 써야 하잖아요. 저는 상상력도 부족하고요. 상상한 대로 글을 쓴다고 해서 과연 효과가 있을지도 궁금해요.

A

선생님

상상력과 꿈이 이루어진 모습을 쓰는 것은 다른 문제입니다. 꿈은 막연하게 상상한 것이 아니니까요. 막연한 꿈은 바람(wind)과 같아요. 가짜 꿈은 어려운 일이 닥치면 바람처럼 사라져 버리니까요.

진짜 꿈은 비전(vision)이라고 하는데, 마음속에 미래 모습이 확실하게 그려져 있는 것을 의미합니다. 미래의 자기 모습을 확실하게 꿰뚫고 있으면, 저절로 꿈을 이루는 과정과 경로가 보입니다. 그것을 마음으로 보고 쓰면 됩니다. 그러면 그 꿈을 이루는 것은 어렵지 않겠지요? 당연히 효과가 있으니, 걱정하지 말고 도전해 보세요.

만나고, 보면서 롤 모델을 모방하라

워런 버핏은 '투자의 살아 있는 전설'로 불립니다. 그와 함께하는 점심 식사 경매가 전 세계를 떠들썩하게 했습니다. 한 끼 식사비는 경매로 진행되었지요.

2000년부터 시작한 식사비는 해가 갈수록 기록을 경신했습니다. 2019년 식사비는 약 57억 원이었습니다. 2020년과 2021년은 코로나19 때문에 만남을 진행하지 않았습니다. 2022년을 끝으로 워런 버핏과의 점심 식사 경매가 종료된다고 알려지자, 마지막 식사 경매는 약 246억 원에 낙찰되었습니다.

사람들은 워런 버핏과의 한 끼 식사에 왜 어마어마한 거액을 투자했을까요? 직접 만나서 이야기하는 것이 자신에게 큰 도움을 주리라 생각했기 때문일 것입니다.

실제 거액을 주고 워런 버핏과 식사한 사람들은 공통적으로 이야기합니다. "점심 식사로 지불한 값이 전혀 아깝지 않다." 그만큼 배울 점이 많았다는 의미입니다. 애플 CEO 스티브 잡스도 "소크라테스와 점심 식사를 함께할 수 있다면 우리 회사의 모든 기술을 그것과 바꾸겠다."라고 말했습니다. 소크라테스를 직접 만나면 회사의 모든 기술을 줘도 아깝지 않은 인생의 지혜를 배울 수 있기 때문일 것입니다.

미래 자서전을 쓸 때도 자신이 관심을 둔 분야에서 일하는 사람을 만나는 것이 필요합니다. 자신의 진로를 완성하는 데 직접적인 도움을 받을 수 있기 때문입니다. 그래서 저는 미래 자서전 쓰기를 이끌어 갈 때 롤 모델을 정한 후 인터뷰하라는 과제를 내줍니다. 실제로 많은 학생이 인생에 도움이 되는 만남을 이루었습니다. 이 만남은 생활의 변화를 가져왔고, 꿈과 비전을 디자인하는 데 많은 도움이 되었습니다.

김도현은 초등학교 5학년 때 미래 자서전 『공룡 박사 김도현, 한국에 쥐라기 공원을 만들다』를 썼습니다. 공룡학자가 되고 싶었던 김도현은 인터뷰 과제를 하기 위해 경북대 지질학과 양승영 교수를 만났습니다. 양승영 교수는 김도현에게 지질학자가 되려면 공부는 물론 어학에도 관심을 기울여야 한다고 조언해 주었습니다. 그래야 다른 나라의 화석을 제대로 연구할 수 있고, 그 나라 학자들과 교류가 가능하기 때문이었습니다. 그 만남 이후로 김도현의 생활과 공부 습관이 바뀌었습니다.

김도현은 2008년 다큐멘터리 〈한반도의 공룡〉을 보고, 이 다큐를 감수한 전남대 지질학과 허민 교수를 찾아갔습니다. 허민 교수는 세계 석학들을 초청한 자리에 김도현을 초대해 견문을 넓힐 수 있도록 기회를 주었습니다. 아직 발표하지 않은 화석을 보여 주며 지질학자의 꿈을 이룰 수 있도록 동기 부여를 해 주었지요. 그 후로도 김도현은 자신의 꿈과 관련된 책을 만나면 그 책의 저자를 찾아가 이야기를 나누며 공부했습니다. 그런 노력이 대학원 진학을 하는 데도 도움을 주었습니다.

대법관을 꿈꾸던 한 중학생은 '김영란법'을 탄생시킨 김영란 전 대법관을 인터뷰했습니다. 그 과정에서 대법관이 갖추어야 할 능력과 역할에 대해 깊이 배울 수 있었지요. 이 학생은 인터뷰 후 진로를 변경했습니다. 대법관이 자신이 추구하는 역량과 가치에 부합되지 않음을 깨달았기 때문입니다. 이후 이 학생은 과학고에 진학해 공학도가 되기 위한 준비를 했습니다.

이처럼 자신이 앞으로 하고 싶은 일과 관련된 인물을 만나면 시행착오를 줄일 수 있습니다. 또한 효과적으로 진로를 설계하는 데 도움을 받을 수 있습니다. 진학하고 싶은 대학의 대학생을 만나면 어떻게 입시를 준비해야 할지 알 수 있습니다. 취업하고 싶은 회사의 직원을 만나면 취업 정보를 얻을 수 있고, 그곳에서 어떤 업무를 담당해야 하는지도 알 수 있습니다. 창업을 하고 싶다면 관련 분야에서 성공한 창업자를 만나 노하우를 배우면 실수와 실패를 줄일 수 있습니다.

모방은 성공하는 가장 좋은 방법입니다. 흔히 모방에 벤치마킹, 응용이라는 용어를 붙여 성공할 수 있는 방법을 배우라고 합니다. 이미 성공한 사람들을 만나서 배우면, 보다 쉽고 빠르게 그 길에 도달할 수 있기 때문입니다. 모방은 남의 것을 베끼는 것이 아니라 고수의 노하우를 자신의 것으로 만드는 최고의 기술입니다.

요즘은 유튜브로 많은 지식과 정보를 얻을 수 있습니다. 성공한 사람의 스토리도 유튜브를 통해 쉽게 접할 수 있지요. 유튜브를 보며 성공한 사람과 관련된 콘텐츠를 추적하거나 분석하는 것도 좋은 방법입니다. 직접 만날 수 없다면 책이나 유튜브를 통해 성공한 사람의 노하우를 자신의 것으로 만들어야 합니다. 모방이 성공 확률을 높이는 최고의 도구니까요.

여러분은 현재 누구를 만나고 싶은가요? 그 사람을 만날 수 있는 길을 찾고 도전해 보기를 바랍니다.

롤 모델 인터뷰

구분	내용
인터뷰 대상 선정	롤 모델로 삼을 만한 인물을 찾아 분석하며, 내가 만날 만한 인물인지 따져 본다.(인격, 업적, 가치관, 사회 공헌, 사회적 영향력 등)
	전화나 이메일을 이용해 인터뷰 대상자에게 인터뷰를 정중하게 요청한다.
	인터뷰 장소와 시간을 정하고, 만나기 하루 전에는 전화로 꼭 확인한다.
인터뷰 대상 선정 이후	인터뷰 대상자에 관해 좀 더 구체적으로 조사한다. (저서, 신문, 잡지, 인터넷 자료 등)
	인터뷰에 필요한 질문을 준비한다. 질문을 만들 때 아래 사항을 참고해 정리하면 좋다. ① 꿈을 품게 된 동기 ② 어린 시절과 학창 시절의 삶 ③ 꿈을 발전시켜 나간 과정 ④ 꿈을 이루기 위한 구체적인 방법 ⑤ 질문자가 꿈을 이루기 위해 준비해야 할 점들 ⑥ 직업과 관련된 전문적인 지식
인터뷰 진행	만나러 가기 전, 학생 수준에 맞는 작은 선물을 준비한다.
	최대한 예의를 갖춰 인터뷰를 진행한다. (눈을 맞추고 맞장구를 치며, 메모하면서 등)
	인터뷰 진행 과정을 사진으로 남긴다.
	지속적인 만남과 피드백이 이루어질 수 있도록 마무리한다.
	인터뷰 과정을 글로 자세하게 남긴다. (유익했던 점, 어려웠던 점, 새롭게 발견한 점, 앞으로의 각오, 느낌 등)

• 내가 만나고 싶은 사람은 누구인가?

_____

_____

_____

• 그 사람을 왜 만나고 싶은가?

_____

_____

_____

_____

_____

• 그 사람에게 무엇을 배우고 싶은가?

_____

_____

_____

_____

_____

해석과 의미 부여가
삶을 바꾼다

사람은 지식과 정보만으로는 변하지 않습니다. 그것을 받아들이는 태도가 결정적인 역할을 합니다. 아무리 좋은 책을 읽고 의미 있는 만남을 이루었어도 그것을 바라보는 태도가 올바르지 않으면 좋은 결과를 만들어 낼 수 없습니다. 그래서 행복하고 의미 있는 인생을 살아가는 데 정말 중요한 것은 해석과 의미 부여입니다. 자신의 해석에 따라 삶이 달리 보이기 때문이지요. 어떻게 의미를 부여하느냐에 따라 삶이 긍정적인 방향으로, 아니면 부정적인 방향으로 흘러갑니다.

지난 삶을 글로 쓸 때도 해석은 무척 중요합니다. 해석에 따라 삶을 받아들이는 자세와 바라보는 시각이 완전히 달라지기 때문입니다. 어떻게 해석할지는 전적으로 자신에게 달려 있습니다.

다음은 미래 자서전의 시작 주제인 태몽에 대한 중학교 3학년 학생의 글입니다. 자신의 태몽과 관련된 이야기를 어떻게 해석하고 바라보고 있는지 살펴볼까요?

하루는 할머니에게 저의 태몽을 물어봤습니다. 저의 태몽이 무엇일지 조마조마하게 기다렸습니다만 다행히도 할머니는 기억이 나지 않는다고 하셨습니다. 저에게 태몽이라는 것이 있었다는 것에 놀랐지만, 잊혔다는 것이 얼마나 다행이었는지 모릅니다.

태몽을 들어 버렸다면 망각조차 할 수 없어 삶의 마지막 순간까지 기억해야 한다는 그 느낌은 무엇이라고 해야 할까요. 나의 존재 혹은 그전부터 있던 것을 죽음까지 동반해야 된다는 것은 고역일 것입니다. 이럴 때는 망각이라는 것이 얼마나 감사한 존재인지 다시금 깨닫게 됩니다. 손바닥으로 살며시 떠 마시는 강물 같다 할까요. 그 작은 한 모금이 얼마나 소중한지 알고 있음에도 이상하게 그 사실을 잊어버리고 맙니다. 참으로 모순적인 말이지만 그러지 않은 것이 또 어디에 있겠습니까. 아무튼 저는 태몽의 존재 여부가 더 불확실해진 것을 정말 기쁘게 생각하고 있습니다. 저는 태몽에 의미를 부여해 저 자신을 바라보는 것도 그 꿈을 해석해 보는 것도 싫어하기 때문에 그 행동의 원초적인

공급력이라 할 수 있는 태몽을 끊어 버림으로써 무언가의 영향으로부터 저 자신을 지켜 냈다는 것에 기쁨을 느낍니다.

이 학생은 부모님이 이혼해 5세 때는 외가, 7세 때는 친가에서 지내야 했습니다. 이 과정에서 많은 상처를 받았는지 태몽 자체를 긍정적으로 받아들이지 않습니다. 얼마나 속이 상했으면 부모님과의 연결 고리를 부정하려고 했을까요.

하지만 자신의 어린 시절을 거부한다고 해서 지난 삶이 사라지는 것은 아닙니다. 그래서 삶에 대한 해석이 중요합니다. 어떻게 해석하느냐에 따라 긍정이 부정이 되기도 하고, 부정적인 삶이 긍정적인 요소로 작용할 수 있기 때문입니다.

여러분이 기억해야 할 점이 있습니다. 미래 자서전을 쓸 때는 가능하면 긍정적으로 삶을 바라보고 해석해야 합니다. 자신과 관계를 맺고 있는 사람들의 이야기를 풀어 갈 때도 긍정적으로 해석하고 의미를 부여하도록 노력해야 합니다. 그래야 삶을 좋은 쪽으로 변화시킬 수 있으니까요.

다음 글은 『부시파일럿, 나는 길이 없는 곳으로 간다』의 저자 오현호가 청소년기에 방황하고 있는 자신을 발견하고 어머니가 찾아왔을 때를 회상하며 쓴 내용입니다.

어느 날 시장을 보고 집으로 가던 어머니는 노란 머리의 오토바이 배달부가 당신 아들임을 발견하고 큰 충격을 받으셨다. 그 찰나에 배달 통에 적힌 가게 이름을 외운 어머니는 114에 전화를 걸어서 피자집 번호를 알아내 가게로 찾아오셨다. 나는 여느 날처럼 가게에 앉아 주문을 기다리며 TV를 보다가 가게 문 앞에 서 있는 어머니를 발견하고 그 자리에 얼어붙었다.

"현호야…… 가자……."

어머니가 떨리는 목소리로 나지막하게 말하며 내 손을 잡았다. 여기까지 오는 동안 얼마나 많은 생각이 겹쳤을까. 찬거리를 든 어머니의 손이 부르르 떨리고, 두 눈에는 눈물이 그렁그렁 고여 있었다.

(중략)

집에 도착해서도 한참을 조용히 있던 어머니가 마침내 입을 열었다.

"밥은 먹었냐?"

차라리 화를 내든가 잔소리를 했다면 마음이 편했을지도 모른다. 그런 상황에서 밥은 먹었냐 물으시다니. 그 말이 회초리보다 더 아프게 다가왔다.●

● 오현호, 『부시파일럿, 나는 길이 없는 곳으로 간다』, 한빛비즈, 2021.

윗글에서 마지막 문장인 "그 말이 회초리보다 더 아프게 다가왔다."는 저자의 해석이자 의미 부여입니다. 당시 상황을 부정적으로 해석할 수도 있었지만, 저자는 다르게 해석합니다. 마지막 문장을 통해 저자가 자신의 삶을 반성하고 있다는 것을 알 수 있습니다. 이후 그의 삶이 어떻게 변했을지는 글을 읽지 않아도 유추할 수 있습니다. 이렇듯 해석을 어떻게 하느냐에 따라 삶이 달라질 수 있습니다.

나를 알아가고
미래를 설계하는 질문 목록

보이지 않는 세계를 볼 수 있는 도구는 질문입니다. 우리는 질문을 통해 보이지 않는 것을 볼 수 있으며, 세상에 없는 것을 탄생시킬 수 있습니다. 아인슈타인은 질문의 중요성을 이렇게 말합니다.

> "질문이 정답보다 중요하다. 곧 죽을 상황에서 단 1시간의 시간이 주어진다면, 나는 55분을 질문을 찾는 데 할애할 것이다. 올바른 질문은 답을 찾는 데 5분도 채 걸리지 않게 한다."

이처럼 질문은 답을 찾는 데 결정적인 역할을 합니다. 미래 자서전을 쓸 때도 질문으로 지나온 삶과 살아갈 삶을 들여다볼 것입니다. 자신의 삶에 대해 질문을 던지면 지나온 삶을 회상할 수 있고, 앞으로 살아갈 삶을 미리 내다볼 수 있기 때문입니다.

다음 질문들은 미래 자서전의 글감을 찾는 데 많은 도움을 줄 것입니다. 각 질문에 꼭 답을 적겠다는 마음으로 다가서면 보이지 않았던 것을 볼 수 있게 될 것입니다. 스스로 답할 수 없는 질문은 부모님이나 전문가 등에게 물어서 꼭 답을 적어 보세요. 그러면 자신이 미처 알지 못했던 것들을 깨닫고 발견할 수 있을 테니까요.

질문을 읽고 먼저 떠오른 생각을 정리하면 좋습니다. 이때는 생각을 제어하지 말고, 꼬리에 꼬리를 물고 이어지는 흐름을 따라가야 합니다. 또한 단답형으로 적지 말고 삶을 서술한다는 생각으로 적어야 합니다. 솔직하고 긍정적으로 해석하는 것도 필요합니다. 자신이 생각하고 원하는 대로 인생이 펼쳐지기 때문입니다.

지난 삶에 대한 질문에는 비교적 쉽게 답할 수 있을 것입니다. 설령 모르는 게 있더라도 가족에게 물어보면 되니까요. 하지만 앞으로의 삶에 대한 질문에는 구체적으로 답하기 어려울 수 있습니다. 그래서 모방이 필요합니다. 상상의 나래를 펴고 자신의 삶을 긍정적으로 풀어 가 보세요. 질문에 얼마나 성실하게 답하느냐에 따라 미래 자서전의 완성도가 결정되니까요.

질문에 자세히 적은 답만으로도 책을 만들 수 있습니다. 각 내용을 이야기 중심으로 자세히 적은 후 문단으로 만들어 비슷한 주제끼리 모으면 하나의 주제 글이 되기 때문입니다. 각 시기별로 4~8개 정도의 글을 모으면 하나의 장이 됩니다. 이렇게 유아기부터 노년기까지 글을 모으면 한 권의 책으로 만들 수 있습니다. 따라서 최대한 자세히 적겠다는 마음으로 답해 보세요.

유아기   **(출생에서 초등학교 입학 전까지)**

유아기는 스스로 기억을 이끌어 내기 어렵습니다. 떠오르는 기억이 있으면 되살려 답을 적어 보고, 생각나지 않는 것은 부모님이나 주변 사람들에게 묻고 답을 채워 보세요.

• 나는 언제 어디서 태어났으며, 내가 태어난 곳의 특징은 무엇인가?

• 내가 태어날 당시 가정 환경은 어떠했는가?

• 엄마가 나를 임신했을 때 특별한 사건이 있었는가?

• 태몽은 있는가? 있다면 누가 어떤 꿈을 꾸었는가?

• 대부분 어디서 보냈는가?

• 어린 시절을 생각하면 가장 먼저 떠오르는 장면이나 기억은 무엇인가?

• 나의 형제자매는 어떻게 되며, 그들과 주로 무엇을 하며 지냈는가?

• 가장 잘 따르고 좋아한 사람은 누구였는가? 그 이유는 무엇이라고 생각하는가?

• 나에게 제일 많은 영향을 미친 사람은 누구였는가? 그렇게 생각한 이유는 무
  엇인가?

• 가장 기뻤던 일과 슬펐던 일은 무엇인가?

• 주변 사람들은 나의 성격에 대해 뭐라고 말했는가?

• 내가 생각할 때 어린 시절 나의 성격은 어떠했는가?

• 가장 기억에 남은 물건이나 놀이, 장소는 무엇인가?

• 즐겁게 읽은 책이나 자주 들은 이야기는 무엇인가?

• 무엇을 할 때 제일 재미있었는가?(게임과 TV 시청은 제외)

• 나의 특이한 버릇이나 습관에 대해 부모님은 뭐라고 했는가?

• 부모님이나 주위 사람들은 내가 어떤 사람이 되었으면 좋겠다고 했는가?

• 나의 꿈은 무엇이었는가?

• 어린이집이나 유치원 생활은 어떠했는가?

• 어린이집이나 유치원에서 특별히 기억나는 친구는 누구이며, 그 이유는 무엇
인가?

• 어린이집이나 유치원 생활이 장래 희망에 어떤 영향을 주었는가?

부모님 인터뷰

우리는 알게 모르게 부모님의 영향을 받으며 자라기 마련입
니다. 그래서 지금의 나를 파악하기 위해서는 부모님과 조부모
님이 어떤 분들인지 알아야 합니다. 그분들의 인생관이나 세상
을 바라보는 가치관을 살피면 자신을 이해하는 데 도움이 되니까
요. 부모님에게 다음 질문에 대한 답을 구한 후 유아기나 소년기
질문의 답을 채우는 데 참고하세요.

• 부모님이 태어난 곳은 어디인가요? 그곳의 특징이나 그곳과 관련한 특별한
기억이 있나요?

• 태몽이나 태어난 곳이 부모님의 삶에 어떤 영향을 끼쳤나요?

• 태어날 무렵 집안 분위기는 어떠했나요? 그리고 주변 환경(사회적, 시대적)은
어떠했나요?

• 조부모님은 어떤 분이셨나요? 성격이나 습관, 자녀 관계, 삶의 태도, 가치관
등 생각나는 모든 것을 말해 주세요.

• 우리 집안은 어떤 가문인가요? 대대로 내려오는 가훈이나 특별히 자랑하고
싶은 것, 자부심을 가질 수 있는 것은 무엇인가요?

• 어렸을 때 꿈은 무엇이었나요?

• 각 시기별로 학창 시절은 어떠했나요?

• 진학이나 취업 등 진로 문제는 어떻게 해결했나요?

• 부모님은 어떻게 결혼하게 되었나요?

• 결혼을 결심하게 된 구체적인 이유와 결혼 과정은 어떠했나요?

• 저를 낳았을 때 기분이나 느낌은 어떠했나요?

• 저를 키우면서 가장 힘들었을 때와 기뻤을 때는 언제인가요?

• 제가 어떤 사람으로 성장하기를 바랐나요?

• 살아가면서 가장 중요하다고 생각하는 것은 무엇인가요?

• 삶에서 중요한 영향을 끼쳤던 사람, 책, 사건, 만남이 있다면 무엇인가요?

• 인생에서 가장 잘했다고 생각하는 일과 후회되는 일은 무엇인가요?

• 부모님의 성격은 스스로 생각할 때 어떤 것 같나요? 그 성격이 자녀에게 어떤
  영향을 끼쳤다고 생각하나요?

• 앞으로의 계획은 무엇인가요?

• 저에게 바라는 것이나 꼭 해 주고 싶은 말은 무엇인가요?

유년기   **(초등학교 시절)**

유년기는 비교적 기억이 많이 남아 있을 것입니다. 그래도 기억나지 않는 것은 부모님에게 물어본 후 최대한 자세하게 적어 보세요.

• 언제, 어떤 초등학교에 입학했는가?

- 초등학교 입학 때 가장 기억에 남은 것(학교 환경, 분위기, 가는 날의 느낌, 가족들의 생각 등)이나 새롭게 다짐했던 것은 무엇인가?

- 가장 관심을 가졌거나 마음을 사로잡았던 것은 무엇인가?

- 기억에 남은 선생님은 누구인가? 그 선생님의 특징과 관계, 받은 영향은 무엇인가?

- 선생님들은 내가 커서 무슨 일을 했으면 좋겠다고 말했는가?

- 부모님이나 주변 사람들에게 잘한다는 소리를 들었던 재능은 무엇인가?

- 부모님은 내가 어떤 사람이 되기를 바랐는가?

- 학업에 대한 관심도는 어느 정도였는가?

- 확실한 꿈과 비전이 있었는가?

• 꼭 해 보고 싶었던 일은 무엇이었는가?

• 미래에 대해 어떤 생각을 품고 있었는가?

• 가장 집중하면서 재미있게 한 것은 무엇이었는가?(게임과 TV 시청은 제외)

• 가장 좋아하거나 존경한 인물은 누구였는가? 어떤 점이 좋았는가? 그 인물로
  내 생각이나 생활에 어떤 변화가 일어났는가?

• 가장 인상 깊게 읽은 책은 무엇이며, 그 이유는 무엇인가?

• 가장 기억에 남은 사건은 무엇인가?

• 가장 생각나는 친구는 누구인가? 그 친구와 어떤 영향을 주고받았는가?

• 가장 자랑스러운 일과 후회되는 일은 무엇인가?

• 가정 형편과 분위기는 어떠했는가?

• 꿈을 이루기 위해 특별히 노력했던 점은 무엇인가?

• 그 시절 나의 장점과 단점은 무엇인가? 이와 관련된 특별한 사건이 있는가?

• 그 시절 나의 특이한 버릇은 무엇인가? 그것이 삶에 어떤 영향을 끼쳤는가?

소년기   (중학교 시절)

소년기는 대부분 학생이 비교적 또렷하게 기억하고 있습니다. 미래 자서전을 쓸 때 많은 분량을 채울 수 있는 시기이기도 합니다. 최대한 솔직하게 중학교 시절을 떠올리며 답을 적어 보세요.

• 언제, 어떤 중학교에 입학했는가? 특별히 그 학교를 선택한 이유는 무엇인가?

• 가장 관심을 가졌거나 마음을 사로잡았던 것은 무엇인가?

• 선생님들은 나의 어떤 점을 칭찬했는가?

• 부모님이나 주변 사람들에게 잘한다는 소리를 들었던 재능은 무엇인가?

• 학업에 대한 관심도는 어느 정도였는가?

• 확실한 꿈과 비전이 있었는가?

• 꼭 해 보고 싶었던 일은 무엇이었는가?

• 미래에 대해 어떤 생각을 품고 있었는가?

• 부모님은 나의 진로와 직업에 대해 어떻게 생각하고 있었으며, 뭐라고 조언해
　주었는가?

• 부모님에게 강요받았던 가치나 부담감은 무엇인가?

• 부모님에게 강요받은 것이 나의 성격과 장래 희망에 어떤 영향을 미쳤다고 생
  각하는가?

• 나와 어울렸던 친구들의 특징은 무엇인가?

• 가장 친했던 친구는 누구인가? 왜 친하게 되었으며, 주고받은 영향은 무엇인가?

• 가장 존경한 인물은 누구인가?(현존 인물, 역사적 인물 포함)

• 가장 존경한 인물과의 특별한 기억이나 경험, 받은 영향은 무엇인가?

• 나에 대한 부모님의 태도는 어떠했는가?

• 가장 기억에 남은 사건은 무엇인가?

• 가장 큰 불만은 무엇인가?

• 가장 자랑스러운 일과 후회되는 일은 무엇인가?

• 가장 행복한 기억과 가슴 아픈 기억은 무엇인가?

• 가정 형편과 분위기는 어떠했는가?

• 꿈을 이루기 위해 특별히 노력했던 점은 무엇인가?

• 그 시절 나의 장점과 단점은 무엇인가? 이와 관련된 특별한 사건이 있는가?

• 그 시절 나의 특이한 버릇은 무엇인가? 그것이 삶에 어떤 영향을 끼쳤는가?

• 처음 이성에 관심을 가지기 시작한 것은 언제, 누구 때문인가?

• 사춘기가 있었는가? 있었다면 어떻게 보냈는가? 가장 기억에 남은 일화는 무엇인가?

• 가출을 생각해 보거나 가출한 경험이 있는가? 왜 그렇게 생각했고, 그에 따른 결과는 어떠했는가?

청소년기   **(고등학교 시절)**

청소년기를 아직 살지 않은 사람이라면 이 시기부터 상상의 나래를 펴고 질문에 답해야 합니다. 자신이 꿈꾸고 있는 삶의 목표를 이루어 가기 위한 중요한 과정이므로 긍정적으로 질문에 답해 보세요. 허구적으로 쓰는 첫 단추를 잘 꿰어야 남은 시기도 순조롭게 답할 수 있습니다. 꿈의 목록과 미래 이력서 등을 참고해 보세요.

• 언제, 어떤 고등학교에 입학했는가? 특별히 그 학교를 선택한 이유는 무엇인가?

• 중학생과 고등학생은 어떤 점이 다르다고 생각하는가?

• 가장 큰 관심사는 무엇이었는가? 그것이 삶에 어떤 영향을 주었는가?

• 학업에 대한 관심도는 어느 정도였는가?

• 삶의 목표는 무엇이었는가?

• 미래에 대해 어떤 생각을 품고 있었는가?

• 가고 싶었던 대학과 학과는 무엇이었는가? 그것이 꿈과 어떤 관련이 있었는가?

• 부모님은 인생에 대해 어떤 가르침을 주었는가?

• 부모님은 내가 어떤 직업을 가지고 어떤 인물이 되기를 원했는가?

• 진로 문제로 부모님과 갈등은 없었는가? 있다면 무엇 때문이었는가?

• 같이 어울려 다닌 친구들은 누구였는가? 주고받은 영향은 무엇인가?

• 가장 존경한 사람은 누구였으며, 그 이유는 무엇인가?

• 역할 모델이나 멘토가 있었다면 누구였는가?

• 진로 문제는 주로 누구와 상의했는가?

• 내가 인정이나 사랑을 받는다고 느꼈을 때는 언제였는가?

• 가장 잊을 수 없는 기억은 무엇인가?

• 가장 해 보고 싶었던 것은 무엇이었는가?

• 나의 고등학교 시절을 한마디로 이야기한다면 무엇인가?

• 나를 가장 힘들게 한 것은 무엇인가? 그것이 내 인생에 어떤 영향을 끼쳤는가?

• 힘든 고비는 어떻게 극복해 나갔는가?

• 외롭고 힘들 때 위안을 삼았던 방법은 무엇인가?

• 가정 형편과 분위기는 어떠했는가?

• 고민 상담은 주로 누구와 했는가?

• 주변 사람들이 말한 나의 장점과 단점은 무엇인가?

• 이성에 대해 어떤 생각을 가지고 있었는가? 이성 친구나 마음의 연인이 있었
  는가?

• 이성 친구로 인해 달라진 점은 무엇인가? 그것에 대해 나는 어떤 생각을 품었는가?

• 가장 피하고 싶었던 것은 무엇인가?

청년기   (대략 20~35세)

　청년기는 아직 살아 보지 않은 삶을 생각하며 질문에 답하는 시기입니다. 자신이 꿈꾸고, 이루고 싶고, 원하는 삶이 무엇인지 꿈과 진로를 설계한 것을 바탕으로 답해 보세요.

• 언제, 어느 대학에 입학했는가? 대학원에도 진학했는가?

• 내가 원하는 대학과 학과에 진학했는가?

• 나의 꿈과 관련이 있는 공부를 했는가? 못 했다면 그 이유는 무엇이라고 생각하는가?

• 대학 생활은 어떠했는가?(공부, 인간관계, 진로, 이성 교제 등)

• 언제, 어디에서 군대 생활을 했는가? 그 생활이 나의 삶에 어떤 영향을 주었는가?

• 첫 직장은 어디였고, 무슨 일을 했는가?

• 직장과 직능에 대한 만족도는 어떠했는가?

• 나의 전성기는 언제, 무엇을 하고 있을 때였는가?

• 가장 하고 싶거나 원했던 것은 무엇인가?

• 미래에 대해 어떤 생각을 품고 있었는가?

• 가장 기쁜 일과 슬픈 일, 후회되는 일은 무엇인가?

• 가장 잊을 수 없는 추억과 큰 영향을 끼친 사건은 무엇인가?

• 가장 좋아했던 사람은 누구였는가? 어떤 점에서 좋았는가?

• 성취한 것 가운데 가장 뜻깊은 것은 무엇인가?

• 가장 자랑스러운 일이나 주변에 영향을 끼친 것은 무엇인가?

• 꿈꾼 것과 관심사는 무엇인가?

• 어린 시절 꾸었던 꿈과 어떻게 달라졌는가?

• 하는 일에 대해 후회는 없는가?

• 꿈을 이루어 가는 과정의 만족도는 어떠한가?

• 꿈을 함께 나누고 싶었던 사람들은 누구였는가?

• 그 꿈은 청년기 이후의 나의 인생에 어떤 영향을 주었는가?

• 그 시절의 나는 어떤 사람이었다고 생각하는가?

• 언제 누구와 어디서 결혼했는가?

• 신혼살림은 어디서 시작했는가?

• 가정 환경과 분위기는 어떠했는가?(형제자매, 부모님과의 관계, 자녀와의 관계)

• 그 시절 나의 가족 구성원은 어떻게 되는가?

• 부모님의 상황은 어떠했는가?

• 새롭게 공부해 보고 싶은 것이 있었다면 무엇인가?

• 가장 기억에 남은 여행이나 가고 싶었던 곳은 어디인가?

사랑과 결혼, 그리고 나의 가족

삶의 행복을 결정짓는 요소 중 가족과 가정이 차지하는 비중은 매우 큽니다. 그런데 요즘에는 결혼하지 않고 혼자 살고 싶다는 청소년의 비중이 날로 늘고 있습니다. 개인의 가치와 판단은 존중받아 마땅합니다. 하지만 결혼을 통해 누리는 행복도 혼자사는 것만큼이나 크다는 것을 기억하며, 질문에 대한 답을 적어보세요.

• 결혼에 대해 어떻게 생각하고 있었는가? 결혼 상대자는 어떤 사람이어야 한다고 생각했는가?

• 배우자는 어떤 사람이었는가? 결혼을 결심하게 된 동기는 무엇인가?

• 결혼할 당시 두 사람이 가장 중요하게 생각한 것은 무엇인가?

• 결혼하기까지의 과정과 결혼식 중 가장 기억에 남은 것은 무엇인가?

• 신혼 생활은 어떠했는가?

• 배우자의 특성 가운데 가장 힘든 부분은 무엇인가?

• 첫아이는 언제, 어디서 태어났는가? 태몽은 꾸었는가? 그때의 느낌은 어떠했
  는가? 아이의 성장 과정은 어떠했는가?(둘째, 셋째도 같이 생각하기)

• 아이의 임신, 출산, 육아 과정 동안 가장 기억에 남은 일화는 무엇인가?

• 아이를 낳아 기르는 동안 가장 큰 어려움은 무엇이었는가?

• 자녀들이 부모의 어떤 면을 닮았는가?

• 자녀들이 나의 인생에 어떤 영향을 주었는가?

• 자녀들에게 어떤 영향을 주었다고 생각하는가?

• 부모로서 가장 기뻤던 일은 언제, 어떤 일인가?

• 부모로서 자녀들의 마음을 가장 아프게 한 것은 언제, 어떤 일인가?

• 자녀들이 어떤 삶을 살았으면 하는가?

• 자녀들의 꿈은 무엇인가? 그 꿈을 이루어 갈 수 있도록 부모로서 어떤 노력을 기울였는가?

• 자녀들의 꿈에 대한 성취도는 어느 정도인가?(시기별로 체크)

중장년기

중장년기는 꿈이 구체적으로 이루어지고 열매를 맺는 시기입니다. 자신의 진로가 어느 정도 완성되고 성취되었는지를 잘 생각하며 적어 보도록 합니다. 상상의 나래를 더욱 마음껏 펼쳐 보세요.

• 어렸을 때의 꿈이 이루어지고 있는가?

• 무엇을 할 때 가장 재미있었는가?

• 가장 큰 만족감을 느꼈던 사건은 무엇인가?

• 직업은 무엇이며, 어떤 일을 하고 있는가?

• 나의 직업에 대해 어떻게 생각하고 있었는가?

• 함께 일한 사람은 누구였으며, 어떤 역할을 맡고 있었는가? 그들의 성향은 어떠했는가?

• 가장 원하는 일은 무엇인가?

• 가장 열정적으로 대하고 많은 힘과 에너지를 쏟아부었던 것은 무엇인가? 그것은 어떤 영향을 주었는가?

• 가정 환경은 어떠했는가?

• 가족 관계는 어떠했는가?(자녀와 배우자)

• 결혼 후 배우자의 성격과 역할은 어떻게 변했는가?

• 배우자와 서로 어떤 영향을 주고받았는가?

- 자녀들의 상황은 어떠했는가?(학업, 직업, 인격, 성장, 환경 등 시기별로 정리)

- 자녀들은 나를 어떤 부모라고 생각했는가?

- 가장 친하게 지냈던 사람들은 누구인가?

- 가장 의미 있게 다가온 사람들은 누구인가?

- 가장 힘들었던 것과 기뻤던 것은 무엇인가?

- 가장 후회되는 일은 무엇인가?

- 어떤 일을 했었다면, 또는 이것만 있었다면 인생이 달라졌을 것이라고 생각한 것은 무엇인가?

- 가장 큰 위기는 무엇이었으며, 그 위기를 어떻게 극복했는가?

• 주위 사람들은 나를 어떤 사람으로 생각했는가?

• 내가 사회에 미친 영향은 무엇인가?

• 다른 사람을 변화시켰던 사건이 있는가?

• 내가 영향을 받았던 사람이나 스승은 누구인가? 그 영향이 삶에 어떻게 나타났는가?

• 종교 활동을 했다면 그것이 나의 삶에 미친 영향은 무엇인가?

• 읽은 책 중에 가장 큰 영향을 미친 책은 무엇인가? 저술한 책이 있는가?

• 주변 환경(사회, 정치, 가족, 자연, 생활 환경)은 어떠했는가?

• 가장 중요하게 여긴 가치는 무엇인가?

• 일생을 지배해 온 사건이나 사람이 있는가?

• 꿈은 어느 정도 달성했는가?

• 새롭게 꿈꾸는 삶의 목표가 있는가?

• 청소년들에게 꼭 전해 주고 싶은 삶의 목표와 가치는 무엇인가?

노년기   **(대략 65세 이후)**

노년기는 인생을 되돌아보고 마무리하는 시기입니다. 이 시기는 자신의 꿈이 어떻게 실현되었으며, 사회와 국가에 어떠한 영향을 끼쳤는지를 중점적으로 생각해 보는 것이 좋습니다. 그리고 가족, 이웃, 친구, 주변 사람들과의 관계와 삶을 마감하면서 뿌듯한 점과 아쉬운 점을 깊이 생각하면서 질문에 답해 보세요.

• 새롭게 시작한 일이나 공부가 있는가? 있다면 어떤 계기로 그것을 시작하게
되었는가?

• 나의 삶에 꼭 필요한 것은 무엇이었는가?

• 인간관계는 어떠했는가?

• 나의 삶이 가족이나 타인, 사회에 어떤 영향을 주었는가?

• 결혼 생활과 배우자와의 관계는 어떠했는가?

• 자녀들은 어떤 삶을 살고 있는가?

• 자녀들의 결혼 생활은 어떠한가? 손자와 손녀는 어떻게 되는가? 그들을 볼 때
어떤 생각이 드는가?

• 자녀를 양육하면서 가장 후회되는 것과 뿌듯한 것은 무엇인가?

- 인생의 의미와 목적을 일깨워 주는 사람을 만난 적이 있는가? 그는 어떤 사람이었는가? 그 만남으로 깨닫거나 얻은 것은 무엇인가?

- 지금 가장 소중한 사람은 누구인가? 그 사람과 함께하고 싶은 일은 무엇인가?

- 전반적으로 원하는 삶을 살았다고 생각하는가? 그 이유는 무엇인가?

- 원하는 삶을 살지 못했다면 그 이유는 무엇이라고 생각하는가?

- 지금까지 살아오면서 가장 행복하다고 여겼던 때는 언제인가?

- 지금까지 살아오면서 가장 견디기 힘든 순간은 언제였는가?

- 한참 지난 일이지만 두고두고 후회하는 일은 무엇인가? 그 이유는 무엇인가?

- 다른 사람들이 잘 알고 있는 나만의 가장 두드러진 특징은 무엇인가?

• 내가 실행한 가장 가치 있는 일은 무엇인가?

• 다시 인생을 살 수 있다면 새롭게 도전해 보고 싶은 것은 무엇인가?

• 지금 행복한가? 그 이유는 무엇인가?

• 지금 안 행복한가? 왜 그렇게 생각하는가?

• 앞으로의 삶에 있어서 가장 중요한 것은 무엇이라고 생각하는가?

• "인생을 어떻게 살면 되나요?"라고 묻는 후배가 있다면 들려주고 싶은 말은
무엇인가?

• 유언장을 쓴다면 어떤 내용을 쓰고 싶은가?

• 묘비명에 어떤 글이 쓰이기를 바라는가?

내 인생의 반추

삶을 추억하며 사랑하는 사람들에게 남길 메시지를 정리해 보세요. 그러면 지금 진짜 중요한 것이 무엇인지 깨달을 수도 있을 것입니다.

• 지금까지 살아오면서 깨달은 삶의 지혜는 무엇인가?

• 부모로서 가장 기뻤던 일은 무엇인가?

• 가족이나 자녀에게 미안하고 아쉬웠던 것은 무엇인가?

• 가족이나 자녀에게 고마웠던 것은 무엇인가?

• 가족이나 자녀에게 당부하고 싶은 말은 무엇인가?

• 자녀나 사회에 꼭 물려주고 싶은 것은 무엇인가?

• 남은 가족이 앞으로 어떻게 살아갔으면 좋겠는가?

• 나는 가족과 사회에 어떤 영향을 끼쳤는가?

• 죽은 뒤 주위 사람들에게 어떻게 기억되고 싶은가?

• 유언으로 남기고 싶을 만한 인생의 가치나 정신적 유산은 무엇인가?

T A L K

선생님, 질문 있어요!

Q
학생

저는 지금까지 제대로 글을 써 본 적이 없고, 길게 문자를 쓰는 것도 힘들어요. 일기를 써도 칭찬을 받은 적이 한 번도 없고요. 그래서 미래 자서전 쓰기를 포기하고 싶은 마음이 강하게 들어요. 어떻게 해야 할까요?

마음에서 지면 어떤 것도 이겨 낼 수 없으니 일단 마음을 다잡으세요. 미래 자서전을 쓰는 일은 쉽지 않습니다. 하지만 마음만 강하게 먹으면 누구든지 쓸 수 있어요. 처음에는 자신감이 없었던 수많은 학생이 결국은 써 냈습니다. 초보자도 쓸 수 있도록 강의와 책을 구성해 두었으니 차분하게 따라가다 보면 어느새 자기 앞에 멋진 책이 놓여 있을 거예요. 중요한 것은 포기하지 않는 마음입니다. 잊지 마세요.

A
선생님

글을 완성하는 글쓰기 기술

싫증 나는 문장보다 배고픈 문장을 써라

미래 자서전은 자신의 지나온 삶, 그리고 살아갈 삶을 이미 산 것처럼 쓰는 글입니다. 그렇다면 수많은 인생 이야기 중에서 어떤 부분을 선택해 써야 할까요? 바로 꿈이 이루어지는 것을 중심으로 쓰면 됩니다. 자신의 꿈을 이루어 가는 일화를 풀어내는 것이지요. 지나온 삶에서는 꿈과 관련된 일화를, 살아갈 삶에서는 이루고 싶은 일화를 이룬 것처럼 쓰는 것이 미래 자서전입니다.

자기 삶의 이야기를 한 권의 책으로 쓰는 일은 쉽지 않습니다. 그래서 최소한의 글쓰기 기술을 익힐 필요가 있습니다. 자신의 이야기를 독자에게 효과적으로 전달할 수 있는 기술이지요. 독자를 생각하지 않고 쓰면 자신만 아는 암호가 될 수 있습니다. 그러면 독자는 무슨 뜻인지 이해할 수 없습니다.

　단어가 모여 문장이 되고, 문장이 모여 문단이 됩니다. 문단이 모여서 하나의 주제가 있는 글이 되고, 주제 글들을 모아 엮으면 책이 됩니다. 책을 잘 쓸 수 있는 시작점은 문장의 개념을 이해하고, 각 문장을 잘 써내는 것입니다.

　문장이 존재하는 기본적인 이유는 메시지 전달입니다. 자신이 말하려는 내용을 독자에게 잘 전달하는 것이 목적이지요. 그러면 문장을 길게 쓰는 것이 좋을까요, 짧게 쓰는 것이 좋을까요? 고민할 것도 없이 짧은 문장입니다. 짧게 써야 자신이 전달하려는 메시지를 효과적으로 독자에게 전달할 수 있습니다. 그래서 몽테뉴는 "싫증 나는 문장보다 배고픈 문장을 써라."라고 강조했습니다.

　청소년 중 글쓰기를 훈련받고 미래 자서전 쓰기에 도전한 사람은 드뭅니다. 그러니 잘 써야 한다는 부담은 내려놓으세요. 대신 문장을 짧게 쓰겠다는 목표로 시작해 보세요. 그러면 자신이 쓰고 싶은 내용을 쉽게 표현할 수 있고, 읽는 이도 무슨 내용인지 파악하기 쉽습니다.

　다음 문장을 소리 내서 따라 해 보세요.

　"다. 다. 다. 다. 다."

문장을 짧게 끝내라는 의미입니다. '그래가지고', '그랬는데' 등을 써서 꼬리에 꼬리를 물고 이어지는 문장이 아니라 '다'로 짧게 끝내야 합니다. 배고픈 문장을 쓰다 보면 글쓰기가 어렵지 않다는 것을 알게 될 것입니다. 글쓰기의 첫 단추를 잘 꿰어야 나머지 글도 잘 쓸 수 있습니다.

TALK

선생님, 질문 있어요!

Q 학생

글을 쓰다가 쓰기 싫어지고, 잘 안 풀릴 때가 있어요. 이럴 때 좋은 방법이 없을까요?

A 선생님

누구나 글을 쓰다 보면 머리를 쥐어뜯고 싶을 때가 있습니다. 한 문장도 쓰기 힘든 순간도 있지요. 그럴 때는 잠시 글과 상관없는 활동을 하면 좋습니다. 중요한 것은 자극적이지 않은 활동이어야 합니다. 자극적인 활동을 하면 더욱 쓰기 싫어지거든요. 산책을 하거나 가사가 없는 음악을 들으며 마음을 정리한 다음에 다시 써 보세요. 다음 질문도 도움이 될 거예요.

"내가 지금 쓰는 글은 무엇에 관한 내용이지?"

"왜 이 글을 써야 하지?"

두 가지 질문은 지금 쓰고 있는 글의 방향과 목적을 알려 주므로 꼬였던 실타래를 푸는 데 도움이 되고 동기 부여도 해 줄 거예요. 조금만 더 힘을 내세요.

문단의 개념을
이해하라

문장이 모여 문단을 이루고, 문단이 모여 하나의 주제 글이 된다고 했습니다. 저는 글쓰기 강의를 하면서 글을 잘 쓰는 비결 중 하나가 '문단의 개념을 잘 이해하는 것'이라고 말합니다. 문단을 제일 강조하며 강의를 이끌어 가지요. 그만큼 글쓰기에서 문단이 지닌 의미는 큽니다.

문단은 '글을 내용이나 형식을 중심으로 크게 끊어 나눈 단위' 입니다. 문단은 하나의 중심 문장과 뒷받침 문장들로 이루어집니다. 글쓴이의 생각 꺾임 단위를 문단이라고 정의하기도 합니다. 문단을 보면 글쓴이의 생각 흐름을 엿볼 수 있기 때문입니다. 글쓴이의 생각이 어떻게 전개되는지 살필 수 있으면 글의 의도를 파악하는 데 도움이 됩니다.

문단을 나눌 때는 조금이라도 다른 이야기를 하려고 할 때입니다. 인물이나 장소나 시간이 바뀔 때, 특정 문장을 강조할 때, 대화 글을 쓸 때도 문단을 바꾸어야 합니다. 문단이 바뀌면 독자는 '이제 다른 이야기를 하려고 하는구나.'라고 생각하며 글을 읽습니다. 그래서 모든 글에는 글의 성격에 따라 저마다의 구성 요소가 숨겨져 있습니다. 글의 전개 방식을 보면 글의 흐름을 알 수 있고, 글쓴이의 의도도 잘 파악할 수 있습니다.

글의 구성 요소를 이해하면 독해가 쉽습니다. 또한 글을 쓰는 것도 어렵지 않습니다. 글의 성격에 걸맞게 문단을 구성하면 되기 때문입니다. 상대를 설득하는 글은 대체로 다음과 같이 4문단으로 이루어져 있습니다.

하버드대학교에는 1872년부터 약 150년 동안 이어져 내려오는 전통이 있습니다. 바로 논증적 글쓰기 수업입니다. 모든 입학생은 전공에 상관없이 학교에 다니는 동안 글쓰기 수업을 들어야 하지요. 이 수업은 에세이를 완성하는 것을 목표로 진행되는데, 에세이는 보통 5문단으로 구성합니다.

이렇게 구성 요소를 이해하면 어떻게 글을 써야 할지 알 수 있습니다.

미래 자서전은 일화 중심으로 글을 씁니다. 문단의 구성 요소가 뚜렷하게 정해져 있지 않은 글이지요. 따라서 자연스럽게 문단을 나누어서 쓰면 됩니다. 자신이 하려는 이야기를 바꾸고자 할 때, 전하려는 메시지를 강조하고 싶을 때, 대화 글을 쓸 때, 자신의 생각을 강조할 때 문단을 나누면 됩니다.

원고지에서 문단을 나눌 때는 시작하는 글자 위치를 한 칸 띄우면 됩니다. 한글 파일에서는 글이 시작하는 곳에 여백을 두면 됩니다. 눈금자 0에 있는 모래시계 같은 것 위에 마우스를 대면 '첫 줄 시작' 위치를 설정할 수 있습니다. 이 설정으로 문단을 쉽게 나누어서 쓸 수 있습니다.

이제부터는 책을 읽을 때 글쓴이가 어떻게 문단을 전개했는지 분석해 보세요. 수업 시간에 교과서를 볼 때도 문단의 의미를 적용해서 읽어 보세요. 그러면 글을 쓸 때 어떻게 문단을 전개해야 할지 발견할 수 있을 것입니다. 문단은 정말 중요한 개념이므로 꼭 기억해 두세요. 그러면 미래 자서전을 쓸 때 많은 도움을 받게 될 것입니다.

초고는 생각나는 대로 밀고 나가라

글을 쓰려고 마음먹고 처음 쓴 글을 초고라고 합니다. 초고는 퇴고하지 않은 글입니다. 나중에 고치기 위해 쓴 첫 글이지요. 따라서 생각의 흐름대로 밀고 나가는 것이 중요합니다.

쓸거리가 준비된 상태에서 첫 문장을 시작하면 그다음에 쓸 내용이 자연스레 떠오르게 되어 있습니다. 첫 문장 이후의 문장이 꼬리에 꼬리를 물고 이어지지요. 그렇게 생성된 내용들을 끊지 않고 써야 좋은 결과를 기대할 수 있습니다. 그런데 많은 청소년이 초고의 의미를 이해하지 못하고 글쓰기를 힘들어합니다. 썼다 지웠다를 반복하면서 쩔쩔매지요.

그렇다면 초고는 어떻게 쓰면 좋을까요? 세계적인 글쓰기 전도사 나탈리 골드버그의 방법을 활용하면 좋습니다.

첫째, 머리에 떠오른 첫 생각을 쓴다. 무조건 생각나는 것을 써 보는 것이다. 일단 쓰다 보면 쓸거리들이 꼬리에 꼬리를 물고 나타나게 되어 있다.

둘째, 펜을 놓지 않고 계속 쓴다. 방금 쓴 글을 읽기 위해 손을 멈추지 말라는 것이다. 그렇게 되면 지금 쓰는 글을 조절하려고 머뭇거리게 된다.

셋째, 편집하지 않고 떠오르는 대로 쓴다. 쓸 의도가 없는 글을 쓰고 있더라도 그대로 밀고 나가라는 것이다.

넷째, 오탈자나 문법에 얽매이지 않는다.

다섯째, 마음을 통제하지 말고 마음 가는 대로 내버려 두어라. 일단 쓰는 것이 목적이다.●

헤밍웨이는 "초고는 걸레다."라고 말했습니다. 조잡한 원고라는 뜻이지요. 초고는 일단 쓰는 것이 목적이라는 말을 기억하며, 자신이 풀어내려고 하는 인생 이야기를 적어 보세요. 초고를 쓴 후 자주 고치고 다듬으면 누구나 좋은 글로 변화시킬 수 있습니다.

● 나탈리 골드버그, 『뼛속까지 내려가서 써라』, 한문화, 2018.

동생에게 이야기하듯이 풀어 가라

어떤 글이든 독자가 있습니다. 독자를 생각하면서 글을 쓰는 것이 잘 쓰는 비결 중 하나지요. 미래 자서전을 쓸 때도 독자를 생각하면서 쓰면 좋습니다.

그렇다면 누구에게 들려준다는 생각으로 쓰면 좋을까요? 초등학교 4학년 동생에게 들려준다는 생각으로 쓰면 좋습니다. 동생이 없다면 스스로 동생을 만들면 됩니다. 집에 있는 인형이나 장난감을 동생이라고 생각하는 것입니다. 동생에게 내 인생 이야기를 말로 해 준다는 개념으로 글을 시작하면 어렵지 않게 쓸 수 있습니다.

워런 버핏이 대학에서 강의할 때였습니다. 한 학생이 그에게 글쓰기 비결에 대해 물었습니다. 워린 버핏은 여동생에게 이야기를 들려준다고 생각하며 글을 쓴다고 대답했습니다. 누군가에게 말하듯이 쓰면 독자에게 잘 전달된다는 뜻입니다.

『베껴 쓰기로 연습하는 글쓰기 책』의 저자 명로진은 이야기하듯이 쓰면 자연스럽게 글을 풀어낼 수 있다고 말합니다. 다음 글을 읽어 보세요. 이렇게 이야기하는 사람이 있을까요?

"순수 미술을 전공하고 패션 관련 일을 하고 싶어 하는 스물다섯 살의 나는 조급한 성격은 아니지만, 큰일에 담담하고 작은 일에 소심한 성격을 가져서 사람들이 의외라며 놀라기도 한다."

동생에게 위와 같이 이야기하는 사람은 없을 것입니다. 윗글을 동생에게 이야기해 준다는 생각으로 바꾸면 어떻게 고칠 수 있을까요? 다음과 같이 다듬을 수 있습니다.

"나는 순수 미술을 전공했다. 나이는 스물다섯 살이며 패션 관련 일을 하고 싶다. 나는 조급한 성격은 아니다. 큰일에 담담하고 작은 일에 소심한 성격을 가졌다. 그래서 사람들이 의외라며 놀라기도 한다."

말하듯이 쓴다는 것은 문장을 짧게 쓰라는 말과 같습니다. 문장을 짧게 쓴다는 생각으로 접근하면 지루하지 않게 풀어낼 수 있습니다.

지금까지 살아온 내용은 당시의 사건이나 일화 등을 해석해 동생에게 들려준다고 생각하고 적어 보세요. 앞으로 살아갈 내용은 "나는 이런 인생을 살 거야."라고 이야기하듯이 쓰면 어렵지 않게 미래 자서전을 써 나갈 수 있습니다.

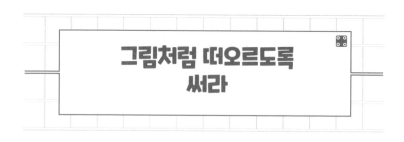

그림처럼 떠오르도록 써라

언론과 문필 분야에서 뛰어난 대중적 공로와 업적을 남긴 사람에게는 퓰리처상을 줍니다. 저널리즘의 창시자로 불리는 언론인 조지프 퓰리처를 기념하기 위해 만든 상이지요. 퓰리처는 "무엇을 쓰든 짧게 쓰라. 그러면 읽힐 것이다. 명료하게 쓰라. 그러면 이해될 것이다. 그림같이 쓰라. 그러면 기억 속에 머물 것이다." 라는 명언을 남겼습니다.

짧게 쓰라는 것은 문장을 어떻게 쓰면 좋을지에 대한 이야기입니다. 명료하게 쓰라는 것은 문단의 개념이지요. 구성 요소를 잘 생각하고 쓰면 이해가 쉽다는 것입니다. 그림같이 쓰라는 것은 문자가 이미지화되도록 쓰라는 의미입니다. 소설이나 삶의 단면을 쓴 글들을 읽다 보면 그림처럼 떠오르는 장면들이 있습니다. 분명 글을 읽고 있는데 장면이나 상황이 이미지나 영상으로 보일 때가 있습니다. 왜 그럴까요? 글쓴이가 그림처럼 썼기 때문입니다.

미래 자서전도 마찬가지입니다. 독자가 글을 읽을 때 그림처럼 떠올릴 수 있어야 삶을 이해할 수 있습니다. 그림처럼 떠오르는 글을 쓰려면 묘사를 배워야 합니다. 이 내용은 나탈리 골드버그의 메시지로 이해하면 좋겠습니다.

> "글쓰기에 관련된 오랜 속담이 하나 있다. '말하지 말고 보여주라'는 말이다. 무슨 뜻인가? 이것은 이를테면 분노라는 단어를 사용하지 않고서, 무엇이 당신을 분노하게 만드는지 보여 주라는 뜻이다. 당신 글을 읽는 사람이 분노를 느끼게 하는 글을 쓰라는 뜻이다. 다시 말해 독자들에게 당신의 감정을 강요하지 말고, 상황 속에서 생생하게 살아 있는 감정의 모습을 그냥 보여 주라는 말이다."●

묘사하는 글을 쓰라고 하면 어렵다고 느낄 수 있습니다. 그림

● 나탈리 골드버그, 『뼛속까지 내려가서 써라』, 한문화, 2018.

같이 쓴다는 개념을 최대한 자세히 쓴다는 것으로 이해해 보세요. 무엇을 적든지 자세히 적는 것입니다.

예를 들어 '어느 날 시골에서 생긴 일이다.'처럼 두루뭉술하게 쓰지 말아야 합니다. '어느 날' 대신에 그 날이 어떤 날인지 최대한 구체적으로 적어야 합니다. 봄날인지, 가을인지, 비가 오는 날인지, 바람 부는 날인지 자세히 적어야 독자가 그림처럼 연상할 수 있습니다. '시골'도 체험 학습으로 간 시골인지, 외갓집인지, 가족 여행 중에 방문했던 시골인지 자세히 써야 합니다. 어떤 일이 있었는지도 동생에게 말하듯이 써야 하지요. 동생은 여러분보다 이해력이 떨어지므로 최대한 자세하게 말해 줘야 합니다.

미래 자서전은 꿈이 이루어지는 과정을 적는 글입니다. 어떻게 꿈이 생겼으며, 어떤 과정을 통해 꿈을 준비했고, 꿈을 어떻게 이루어 갔는지 그림처럼 떠오르게 적어 보세요. 그러면 여러분의 삶이 영화 장면처럼 선명하게 보일 것입니다.

대화체를 적극
활용하라

청소년들에게 자세하고 구체적으로 글을 쓰라고 하면 어려워할 때가 많습니다. 그럴 때 저는 대화체를 적극적으로 활용하라고 말해 줍니다. 상대가 있는 장면을 글로 쓸 때 대화체를 사용하면 생명력을 불어넣는 데 매우 효과적입니다. 글을 읽는 사람은 당시 상황과 인물의 상호 관계를 잘 이해할 수 있지요.

대화체를 쓸 때는 큰따옴표(" ")를 사용하고, 인물의 속마음을 표현할 때는 작은따옴표(' ')를 씁니다. 다음 글을 읽으며 상황이 그림처럼 잘 떠오르는지 생각해 보세요.

"띵똥." 드디어 대문 밖에서 초인종이 울렸다. 은실이니? 네, 저예요. 나는 뛸 듯이 빠른 걸음으로 뛰어나가서 대문을 열었다. 아아! (중략) 대문 밖에는 머리를 곱게 깎은 아름다운 비구니 한 분이 함박꽃 같은 웃음을 머금고 서 계셨던 것이다.

어떤가요? 윗글도 좋지만 대화체로 바꾸면 조금 더 쉽게 장면을 떠올릴 수 있습니다.

"띵-똥-."
드디어 대문 밖에서 초인종이 울렸다.
"은실이니?"
"네, 저예요."
나는 뛸 듯이 빠른 걸음으로 뛰어나가서 대문을 열었다.
"아아!"
(중략)
대문 밖에는 머리를 곱게 깎은 아름다운 비구니 한 분이 함박꽃 같은 웃음을 머금고 서 계셨던 것이다.●

대화체를 사용하면 문단도 쉽게 나눌 수 있습니다. 하나의 대

● 장하늘, 『글 고치기 전략』, 다산초당, 2006.

화는 하나의 중심 내용이므로 문단을 나누어서 써야 하기 때문입니다. 대화체는 글의 분량도 챙길 수 있는 이점이 있습니다. 책 한 권을 쓰려면 분량에 대한 부담이 있는데, 대화체가 그 고민을 조금이나마 해결해 줄 수 있습니다. 이처럼 대화 글을 잘 활용하면 자신이 하고 싶은 이야기를 재미있고 생생하게 쓸 수 있습니다.

다섯 가지의 오답을 명심하라

"글쓰기에는 왕도가 없다."라는 말이 있습니다. 글쓰기에는 뚜렷한 정답이 없다는 뜻입니다. 글 쓰는 사람들은 자기만의 글쓰기 방식이 있고, 그 방식으로 독자와 소통합니다.

이처럼 글을 잘 쓸 수 있는 비결은 셀 수 없을 만큼 많습니다. 하지만 청소년들은 그 비결을 다 알 수 없을뿐더러 따라 하기도 어렵습니다. 글을 잘 쓰는 비결만 찾다 보면 아무것도 쓰지 못한 채 시간만 흐르겠지요.

하지만 저자가 전달하려는 메시지가 독자에게 잘 닿지 못하도록 방해하는 요소들이 있습니다. 청소년기에 글을 잘 쓰려면 정답을 찾기보다 오답을 줄이는 편이 빠를 수 있습니다.

미래 자서전을 쓸 때도 오답을 줄이는 것이 중요합니다. 다섯 가지 정도의 오답만 줄여도 자신이 말하고자 하는 내용을 효과적으로 풀어낼 수 있습니다.

첫째, 시제를 맞춰서 써야 합니다. 미래 자서전은 미래의 관점에서 현재와 과거를 서술해야 합니다. 저는 미래 자서전 수업을 진행할 때 글을 쓰고 있는 시점을 '85세'로 정합니다. 85세가 우리나라 평균 수명이기 때문입니다. 자신이 85세가 되었다고 가정하고 과거를 돌아보며 써야 합니다. 그래서 문장을 마칠 때는 '~였다', '~했다' 등 과거형 종결 어미를 사용해야 합니다.

그런데도 자신이 살고 있는 시점의 내용을 쓸 때는 현재형으로 풀어내는 경우가 참 많습니다. 그러면 한 권의 책에서 시점이 다양해지므로 미래 자서전이라는 형식에 맞지 않는 글이 됩니다.

둘째, 한 문장에 어휘를 반복해서 사용하지 말아야 합니다. 글을 쓰다 보면 자신도 모르게 중복된 표현을 쓰게 됩니다.

"미래 자서전을 제대로 쓰려면 미래 자서전에서 이야기하는 장점을 잘 살펴 서술해야 멋진 미래 자서전을 만들 수 있다."

위 문장을 보면 '미래 자서전'이라는 말이 세 번이나 반복되어 있습니다. 이때는 같은 의미로 쓰이는 다른 단어를 찾거나 삭제하면 됩니다. 다음과 같이 바꾸면 좋겠지요.

"미래 자서전을 제대로 쓰려면 장점을 잘 살펴 서술해야 멋지게 만들 수 있다."

반복된 어휘만 줄여도 속도감 있는 글을 쓸 수 있습니다. 의미가 같은 반복도 줄이면 좋습니다. 다른 어휘로 바꾸어도 의미가 같으면 지루하게 느껴지고, 글을 못 쓴다는 느낌을 줄 수 있습니다. 자세히 표현하는 것과 반복적으로 어휘를 사용하는 것은 다르다는 점을 꼭 기억해 두세요.

셋째, 접속사 사용을 최대한 자제해야 합니다. 처음 글을 쓰는 사람들은 대체로 '그래서', '그리고', '그런데' 등의 접속사로 앞 문장을 이어 가려고 합니다. 접속사는 글에서 윤활유 역할을 합니다. 윤활유는 적절해야 효과가 있는데 남발하면 느끼해질 수 있습니다. 따라서 꼭 필요할 때만 접속사를 쓴다는 생각으로 이야기를 풀어 보세요. '그래서', '그리고', '그런데' 등 문장을 이어 주는 접속사만 줄여도 좋습니다.

넷째, 겹치는 조사를 최소화해야 합니다. 글을 쓰다 보면 자신도 모르게 조사를 반복적으로 늘어놓을 때가 있습니다. 조사도 글을 이어 가는 데 매우 중요합니다. 하지만 한 문장에 조사를 반복적으로 늘어놓으면 지루한 글이 되기 쉽습니다. 따라서 한 문장에 최소한의 조사만 쓰겠다고 생각하고 글을 풀어 가 보세요.

다섯째, 불분명한 지시어를 줄여야 합니다. 글을 쓸 때는 '그', '그것', '이것', '저것' 등 지시어를 사용하기도 합니다. 글쓴이는 지시어 속에 담긴 의미를 알고 있지만, 독자는 그 의미를 제대로 파악하기 힘들 때가 있습니다. 다음과 같은 경우입니다.

"그는 그녀를 사랑한다고 그에게 말했다."

글쓴이는 누가 누구를 사랑했는지 알겠지만 독자는 알 수 없습니다. 그래서 구체적으로 써 줘야 합니다. 드라마 〈도깨비〉에 등장하는 인물로 바꾸어 볼까요?

"김신은 지은탁을 사랑한다고 저승사자에게 말했다."

이 밖에도 오답은 많지만 위의 다섯 가지만 잘 지켜도 멋진 미래 자서전을 완성할 수 있습니다.

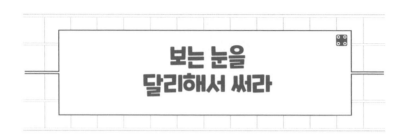

보는 눈을
달리해서 써라

누구나 글을 잘 쓰고 싶어 합니다. 미래 자서전 쓰기에 참여한 학생들도 자신만의 멋진 책을 쓰고 싶어 합니다. 하지만 마음대로 글이 써지지 않아 힘들어하는 경우를 많이 봅니다.

이때 저는 효과적으로 글을 풀어내는 여러 가지 기술을 전수해 줍니다. 그중 하나가 보는 눈을 달리하는 것입니다. 보는 눈을 달리하면 지금까지 자신이 보지 못했던 것들을 볼 수 있고, 새로운 글이 나올 수 있지요. 보는 눈에는 다섯 가지 정도가 있는데, 다음과 같이 정리할 수 있습니다.

첫째, 육안肉眼은 얼굴에 붙어 있는 눈입니다. 겉으로 드러난 것들을 볼 때 활용하지요. 글을 잘 쓰려면 육안으로 잘 봐야 합니

오안(五眼)	위치	보는 것
육안(肉眼)	얼굴	겉으로 드러난 현상
뇌안(腦眼)	뇌	현상에 담긴 지식
지안(智眼)	생각	생각
심안(心眼)	마음	느낌, 감정, 마음
영안(靈眼)	영혼	그 너머, 본질

다. 겉으로 드러난 것을 잘 관찰해야 보이지 않는 것도 연결 지어 볼 수 있으니까요. 하지만 겉으로 드러난 것만 풀어내면 깊이 있는 글을 쓰기 어렵습니다. 다른 눈으로도 보고 써야 효과적으로 메시지를 전달할 수 있습니다.

둘째, 뇌안腦眼은 뇌 속에 들어 있는 눈입니다. 겉으로 드러난 현상에 담긴 지식을 볼 때 활용하지요. 배경지식이나 구성 요소를 보는 것입니다. 뇌안을 통해 현상에 담긴 지식을 보고 글을 풀어내야 합니다.

셋째, 지안智眼은 생각에 담겨 있는 눈입니다. 이를 통해 내 생각과 상대의 생각을 볼 수 있지요.

넷째, 심안心眼은 마음에 담겨 있는 눈입니다. 느낌과 감정, 마음을 볼 때 활용하지요.

다섯째, 영안靈眼은 영혼에 담겨 있는 눈입니다. 육안, 뇌안, 지안, 심안으로 본 것을 토대로 그 너머와 본질을 보는 눈이지요.

다섯 개의 눈을 뜨고 글을 쓰면 훨씬 깊이 있는 글을 쓸 수 있습니다. 보이는 것에 지식, 생각, 마음을 더해서 쓰기 때문이지요. 이것들을 종합해서 그 너머의 본질까지 보고 쓰면 지금까지 쓴 글과 다른 글이 나올 것입니다.

글을 읽을 때도 어떤 눈으로 보고 썼는지를 분석해 보세요. 그러면 자신이 어떻게 보고 써야 할지도 알 수 있을 것입니다.

다섯 개의 보는 눈을 자연, 세상, 시대에도 적용해 보세요. 그러면 지금까지 보지 못했던 것들을 볼 수 있을 것입니다. 보이는 것이 바뀌면 좋은 글뿐만 아니라 삶과 세상을 보는 깊이도 달라질 수 있습니다.

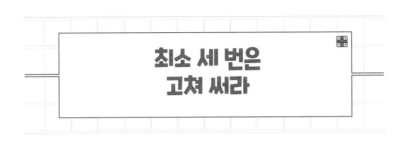

최소 세 번은
고쳐 써라

글쓰기에는 왕도가 없지만 잘 쓰는 비결은 있습니다. 바로 고쳐 쓰는 것입니다. 초고를 매끄럽게 고쳐 쓰는 것이 글을 잘 쓸 수 있는 최고의 비결입니다.

특히 작가들은 고쳐 쓰기를 더욱 중요하게 여깁니다. 헤밍웨이는『노인과 바다』로 노벨 문학상을 탔는데 200번 이상을 고쳐 썼다고 합니다. 수도 없이 고쳐 쓰는 과정에서 최고의 작품이 탄생한 것입니다.『갈매기의 꿈』을 쓴 리처드 바크도 고쳐 쓰기를 강조합니다.

"내 최고의 작품은 반복적으로 쓰고 다듬어서 만들어진다. 나는 글을 쓰면서 단번에 좋은 작품을 쓰려는 욕심을 버린다."

『샬롯의 거미줄』을 쓴 엘윈 브룩스 화이트도 고쳐 쓰기의 중요성을 이렇게 말합니다.

"위대한 글쓰기는 존재하지 않는다. 오직 위대한 고쳐 쓰기만
존재할 뿐이다."

보통 글을 시작할 때는 어떤 내용으로 전개할지 중심 내용을 구상합니다. 중심 내용을 주제라고 하지요. 그런 다음 어떻게 구성할지 개요를 작성합니다. 골격이 완성되면 그 뼈대에 살을 붙여서 한 편의 글로 풀어 갑니다. 여기까지가 초고의 과정입니다. 이후에는 주제에 걸맞게 내용이 전개되었는지 글을 분석하고 객관화시킨 후 고치는 작업이 필요합니다. 이것이 퇴고의 과정입니다. 그렇다면 어떻게 글을 고쳐야 할까요?

첫째는 자신이 쓴 글이 낯설게 보이는 시간이 필요합니다. 글을 쓰자마자 바로 수정하려고 하면 고칠 것이 잘 보이지 않습니다. 글을 썼던 생각과 마음이 똑같기 때문입니다. 그래서 '숙성의 시간'이 필요하지요.

전문가들은 자신이 쓴 글이 낯설고 객관화되는 시간이 72시

간 정도라고 이야기합니다. 사흘 정도 묵혀 둔 후 읽어야 고칠 것이 보인다는 말이지요. 이 점은 매우 중요하므로 글을 고칠 때 꼭 숙성의 시간을 가져야 합니다.

묵혀 둘 시간 없이 마무리해야 한다면 글과 관련 없는 행동을 해 보세요. 음악을 듣거나 음료수를 마시며 문 밖에라도 나갔다 오는 것이지요. 글을 너무 오래 묵혀 두는 것도 좋지 않습니다. 글에 대한 감각을 잃어버릴 수 있기 때문입니다.

둘째는 소리 내 읽으며 고치는 것입니다. 미래 자서전은 동생에게 이야기를 들려주듯이 쓰면 좋다고 했습니다. 마찬가지로 고칠 때도 동생이 앞에 있다고 생각하면서 읽어 보면 됩니다. 읽다가 동생이 이해하기 어려운 내용이라고 생각이 들거나 매끄럽지 않게 읽히면 고쳐야 합니다. 소리 내서 읽으면 눈으로 읽고, 입으로 읽고, 귀로 읽는 효과가 있어서 입체적으로 보고 분석할 수 있습니다.

이외에도 다양한 방법이 있습니다. 하지만 위의 두 가지 방법 대로만 고쳐도 매끄러운 글로 거듭날 수 있습니다. '몇 번 정도 고쳐 쓰는 것이 효과적일까?' 이런 궁금증이 생길 수도 있습니다. 최소한 세 번 정도는 고쳐야 합니다.

첫 번째는 주제에 부합한 내용인지 살피고, 두 번째는 글의 흐름을 살피며 단락을 점검하고, 세 번째는 문장과 단어를 정돈한 다는 생각으로 접근하면 됩니다. 이렇게 고쳐 쓰다 보면 조잡한 원고가 세련된 원고로 비상한다는 것을 느끼게 될 것입니다.

포기하지 말고
글을 완성하라

진로 글쓰기인 미래 자서전의 효과는 이미 검증되었습니다. 미국의 사립 학교에서는 정규 과목으로 편성되어 있습니다. 4차 산업 혁명을 주도하고 있는 실리콘 밸리에서도 자신을 아는 글쓰기가 필요하다고 강조합니다. 일본의 정규 교육 과정에서도 자기 삶의 이야기를 쓰게 합니다. 이렇듯 청소년기에 자기 삶의 이야기를 쓰는 것은 매우 필요하고 중요합니다.

그런데도 많은 청소년이 미래 자서전 쓰기에 도전했다가 포기합니다. 조금만 참고 견디면 자신을 이해하고 살아갈 삶을 조망해 볼 수 있는데 중도에 그만두고 맙니다.

인생을 살면서 의미 있는 결과를 만드는 가장 효과적인 기술은 포기하지 않는 것입니다. 미래 자서전을 쓰면 어떤 점이 좋기에 포기하지 말라고 강조할까요?

첫째, 자아 정체성을 찾고 뚜렷한 가치관을 세울 수 있습니다. '나는 누구인가?'에 대한 답을 찾고 인생에서 중요한 것이 무엇인지 알게 되지요.

둘째, 삶의 희망을 얻고 현재를 성실하게 살 수 있습니다. 자신이 어떤 사람인지, 앞으로의 삶은 어떻게 펼쳐질지 가상의 공간에서 살아 보았기 때문에 희망을 품을 수 있습니다. 미래를 위해 오늘 무엇을 해야 할지 알게 되어 성실하게 인생을 준비하게 됩니다.

셋째, 내적 변화와 성장이 일어납니다. 미래 자서전을 쓸 때 얻을 수 있는 핵심적인 요소이기도 합니다. 책 한 권을 써냈다는 성취감도 크지만, 그보다 더 중요한 점은 글을 쓰는 과정에서 자신의 생각이 변하는 것을 느낀다는 것입니다. 생각이 변해야 삶도 바뀝니다.

청소년기에 방황하다가 살인 누명까지 쓴 이승환은 18세에 『혼자 도는 바람개비』라는 미래 자서전을 씁니다. 그는 미래 자서전을 쓴 후 이전과 완전히 다른 삶을 삽니다. 대통령 직속 중소기업특별위원회 청소년 창업교육프로그램 비즈쿨의 연구원이 되고 전국에 강의를 다닙니다. 독학으로 대학을 졸업하고 현재는 국회 의원 보좌관(4급)으로 일하고 있습니다. 『고 어라운드』, 『시민의 상식』이라는 인문 사회 분야의 책도 썼습니다. 그는 『혼자 도는 바람개비』를 쓰고 난 후 어떤 변화가 있었느냐는 물음에 이렇게 대답했습니다.

> "미래 자서전을 써 나가면서 더 큰 세상을 볼 수 있었고, 더 큰 계획을 가질 수 있었습니다. 제가 나쁜 짓을 하겠다고 치밀한 계획을 세우고 계획대로 행한다면 나쁜 사람으로 성장할 것이 뻔한 것처럼, 더 나은 훌륭한 삶을 위해 제 인생을 던지겠다는 치밀한 계획을 세우고 삶에 임한다면 계획대로 삶을 이끌어 나갈 수 있다는 확신을 하게 되었습니다. (중략) 미래 자서전을 쓰는 과정에서 제 인생의 사명이 무엇인지 알게 되었고, 가족과 사회, 인류를 위해 제가 어떤 존재가 되어야 하는지에 대한 깊은 내면적 성찰은 지금까지 제 삶의 원동력이 되고 있습니다."●

그동안 제가 만난 청소년들도 이렇게 고백합니다. "인생이 너무 짧은 것 같아요.", "이제야 삶의 의미를 발견한 것 같아요.",

● 강헌구, 『아들아, 머뭇거리기에는 인생이 너무 짧다 3』, 한언, 2003.

"우리 엄마가 너무 고생하고 때로는 불쌍하다는 생각이 들어요."
이런 내용은 내면의 변화와 성장이 있었기에 나올 수 있었지요.

넷째, 4차 산업 혁명 시대를 효과적으로 준비할 수 있습니다. 미래 자서전을 쓰다 보면 한 치 앞을 예측하기 힘든 뷰카VUCA의 시대 속에서 자신이 무엇을 하며 어떻게 준비해야 할지 명확하게 그려 낼 수 있습니다.

다섯째, 아픈 마음을 치유하고 자존감 넘치는 삶을 살 수 있습니다. 마음이 아픈 청소년들이 미래 자서전을 쓰면서 치유되는 것을 정말 많이 봐 왔습니다. 미래 자서전을 쓴다면 자신감 넘치고 자존감 높은 청소년으로 비상할 수 있습니다.

이외에도 미래 자서전 쓰기의 장점은 많습니다. 이런 장점을 누리려면 포기하지 않아야 합니다. 포기하지 않은 청소년들만 위와 같은 장점을 온전히 누릴 수 있다는 것을 꼭 기억하세요. 글을 완성하는 단 하나의 방법은 결코 포기하지 않는 것입니다.

TALK

선생님, 질문 있어요!

Q
학생

선생님, 만약 글을 쓰는 도중이나 글을 다 쓴 후에 꿈이 바뀌면 어떻게 해야 하나요?

A
선생님

꿈이 아니라는 생각이 들었다면 오히려 다행입니다. 실제 삶에서 그런 일을 겪었다고 생각해 보세요. 경험은 얻을 수 있겠지만, 그것을 위해 들인 시간과 열정이 아깝지 않을까요? 꿈이 바뀌면 그 바뀐 꿈으로 다시 미래 자서전을 써 보면 됩니다. 그러면 자신이 원하는 것을 꼭 발견할 수 있을 거예요.

실전! 나만의 미래 자서전 쓰기

내 인생의 조감도,
일생 고공표

이제부터 실질적으로 자신의 삶을 글로 풀어내는 방법을 나누도록 하겠습니다. '나는 아직 어린데 내가 어떻게 책을 쓸 수 있겠어?'라고 아직도 의문에 휩싸여 있다면 걱정하지 마세요. 지금부터 이야기하는 것들을 따라 하다 보면 어느새 책 한 권이 완성될 테니까요.

우리의 삶은 복잡합니다. 인생의 목적지를 향한 경로는 자동차 내비게이션처럼 단순하지 않습니다. 수많은 변수와 장애물이 우리 앞길에 놓여 있지요. 우리는 어떤 길을 선택해야 의미 있는 결과를 만들어 낼 수 있을지 매 순간 고민하며 나아갑니다. 이때 삶의 길을 입체적으로 볼 수 있는 지도가 있으면 좋겠다는 생각을 합니다. 살아갈 길을 높은 하늘에서 바라본다면 의미 있는 선택을 할 수 있을 것입니다. 실제로 자기 인생을 한눈에 볼 수 있는 조감도가 있습니다. 바로 '일생 고공표'입니다.

일생 고공표를 짜임새 있게 작성하면 자신의 삶뿐만 아니라 꿈이 이루어지는 과정을 훤히 들여다볼 수 있습니다. 꿈의 목록, 미래 이력서, 나는 꿈이 있습니다 목록이 어떻게 자신의 삶에 펼쳐질지 한눈으로 볼 수 있지요. 자신뿐만 아니라 가족들의 삶도 볼 수 있습니다. 시대의 흐름도 예측할 수 있어서 효과적으로 미래를 준비할 수 있습니다. 이렇듯 일생 고공표는 미래 자서전을 완성하는 데 큰 도움을 줍니다.

그렇다면 일생 고공표는 어떻게 작성하면 좋을까요? 예시로 수록한 일생 고공표를 살펴보면서 설명을 읽으면 이해가 갈 것입니다.

첫째, '출생 연도, 부모님(부/모), 배우자, 자녀(첫째/둘째)' 칸에는 각각의 연도와 나이를 쓰면 됩니다. 제일 왼쪽 칸의 숫자는 나이입니다. 1세부터 85세까지 기입되어 있지요. 1세에 자신이 태어난 연도를 적고 내림차순으로 채워 넣으면 됩니다. 그 옆에는 부모님의 나이도 함께 적어 보세요. 그러면 부모님의 삶도 한눈에 살필 수 있습니다.

배우자가 적힌 칸에는 인생 계획에 따라 언제 배우자를 만날 것인지, 그때 배우자의 나이를 상상해서 적습니다. 자녀가 적힌 칸에는 자녀 계획에 따라 몇 세에 아이를 낳을지 생각해 적으면 됩니다.

둘째, '현재: 개인적인 이야기, 미래: 인생의 목표' 칸에는 자신의 삶의 이야기를 채워 넣으면 됩니다. 지금까지 살아온 삶은 부모님에게 묻거나 기억을 더듬어서 적으면 됩니다. 핵심 키워드 중심으로 적으면 효과적입니다. 앞으로 살아갈 삶은 꿈의 목록, 미래 이력서, 비전 선언문을 참고해 언제 어느 때 어떤 인생을 살아갈 것인지 적으면 됩니다.

그 외에도 자신이 하고 싶거나 이루고 싶은 것이 있으면 상상력을 동원해서 쓰면 좋습니다. 대학, 대학원, 취업, 직장 생활, 창업이나 사업, 자신의 영향력, 궁극적으로 이루고 싶은 것들을 꼼꼼하게 적어야 합니다. 자세히 적을수록 미래 자서전을 풀어 가는 데 도움이 됩니다. 칸이 부족하면 포스트잇을 붙여서라도 자세히 채워 보세요.

셋째, '가족 이야기, 사회적 사건, 미래 사회는?' 칸에는 자신과 관련된 요소들을 적으면 됩니다. 조부모님, 부모님, 형제자매 이야기는 자신에게 큰 영향을 주므로 자세히 적어 보세요. 그러면 자신의 삶을 이해하는 데 도움이 될 것입니다.

사회적 사건은 그 당시에 일어났던 사회적 사건이 자신에게 어떤 영향을 주었는지 파악하기 위해 적는 것입니다. 코로나19 팬데믹으로 청소년들의 삶도 큰 영향을 받았습니다. 이로 인해 학교생활이나 생활 패턴도 많이 달라졌기 때문에 중요한 요소가 됩니다.

앞으로 살아갈 미래는 미래학 서적을 참고해서 적으면 좋습니다. 자신의 꿈과 관련해서 미래를 내다보고 예측해서 적어야 합니다. 시대 속에서 자신의 역할을 찾기 위해서입니다. 시대를 읽어 낼 수 있어야 진로를 확장하고 꿈을 이룰 수 있기에 자세히 적도록 합니다.

일생 고공표를 얼마나 꼼꼼하게 정리하느냐에 따라 미래 자서전 완성도에 차이가 납니다. 자신이 원하고 꿈꾸는 삶은 반드시 이루어진다는 신념을 가지고 담대하게 일생 고공표를 채워 보세요.

다음에 제시한 일생 고공표는 김도현이 초등학교 5학년 때 만든 것입니다. 현재 27세 청년인 그는 서울대학교 대학원을 다니고 있습니다. 초등학교 5학년 때 공부하고 싶어 했던 학부에서 연구하고 있지요. 지구환경과학부, 고생물연구소에서 자신의 꿈을 향해 한 발자국씩 전진하고 있습니다.

『공룡 박사 김도현, 한국에 쥬라기 공원을 만들다』의 일생 고공표

나이	출생 연도	부모님 (부/모)	배우자	자녀 (첫째/둘째)	현재: 개인적인 이야기 / 미래: 인생의 목표	가족 이야기, 사회적 사건, 미래 사회는?
1	1996	30 / 27			출생	
2	1997					
3	1998					
4	1999	33 / 30				
5	2000				공룡에 대한 관심을 갖게 됨	
6	2001					외할아버지 돌아가심 정읍으로 이사
7	2002					한일 월드컵 개최
8	2003	37 / 34			정읍 수성초등학교 입학	
9	2004	38 / 35				
10	2005	39 / 36				
11	2006	40 / 37			임재성 선생님과 만남	외할머니 돌아가심
12	2007	41 / 38			공룡 박사의 꿈을 갖게 됨	
13	2008	42 / 39			양승영 교수님과 만남	〈한반도의 공룡〉 시청
14	2009	43 / 40			허민 교수님과 만남 배영중학교 입학	노무현, 김대중 전 대통령 서거
15	2010	44 / 41				천안함 사건 발생
16	2011					
17	2012				전주고등학교 입학	
18	2013					
19	2014					
20	2015	49 / 46			서울대학교 지질학과 입학	
21	2016					
22	2017					
23	2018					
24	2019					
25	2020	54 / 51				
26	2021					
27	2022				영국 여행, 자연사박물관 견학	한국 월드컵 개최

28	2023		25		한국지질자원연구원 입사	결혼
29	2024		26	1		첫째 출생
30	2025	59 / 56	27			
31	2026		28	3 / 1	영국 유학	둘째 출생
32	2027		29			
33	2028		30		카이스트 교수 재직	
34	2029		31	6 / 4 / 1		셋째 출생
35	2030	64 / 61	32	7 / 5 / 2 / 1	서울대학교 교수 재직	넷째 출생
36	2031		33			
37	2032		34			우주여행
38	2033		35		고생물연구소 설립	
39	2034		36		동물보호재단 설립	
40	2035	69 / 66	37	12 / 10 / 7 / 6		
41	2036	70 / 67	38	13 / 11 / 8 / 7		
42	2037		39			
43	2038		40		몽골 고비 사막 탐사	
44	2039		41		전국 유명 강사	
45	2040	74 / 71	42	17 / 15 / 12 / 11	아마존강 유역 탐사	화성에 인류가 살게 됨
46	2041				옥스퍼드대학 교수	
47	2042					
48	2043					
49	2044				전 세계 유명 강사	
50	2045	79 / 76	47	22 / 20 / 17 / 16		
51	2046					
52	2047					
53	2048					
54	2049					남북통일
55	2050	84 / 81	52	27 / 25 / 22 / 21		
56	2051					
57	2052				할아버지가 됨	손자 출생
58	2053					
59	2054					
60	2055	89 / 86	57	32 / 30 / 27 / 26		

61	2056	90 / 87			
62	2057				
63	2058				
64	2059				
65	2060	94 / 91	62	37 / 35 / 32 / 31	은퇴	
66	2061				후진 양성	
67	2062				보호재단 자원봉사	
68	2063					
69	2064					
70	2065		67	42 / 40 / 37 / 36		
71	2066					
72	2067				각 단체에 활발한 봉사	
73	2068					
74	2069					
75	2070		72	47 / 45 / 42 / 41	숲속에 집 건축	숲에서 가족과 함께
76	2071					
77	2072					
78	2073					
79	2074					
80	2075		77	52 / 50 / 47 / 46		
81	2076					
82	2077					
83	2078					
84	2079					
85	2080		82	57 / 55 / 52 / 51		

_____의 일생 고공표

나이	출생 연도	부모님 (부/모)	배우자	자녀 (첫째/ 둘째)	현재: 개인적인 이야기 미래: 인생의 목표	가족 이야기, 사회적 사건, 미래 사회는?
1						
2						
3						
4						
5						
6						
7						
8						
9						
10						
11						
12						
13						
14						
15						
16						

17					
18					
19					
20					
21					
22					
23					
24					
25					
26					
27					
28					
29					
30					
31					
32					
33					
34					
35					

36					
37					
38					
39					
40					
41					
42					
43					
44					
45					
46					
47					
48					
49					
50					
51					
52					
53					
54					

Part 4 글쓰기로 '나만의 삶' 완성하기 - 인생을 설계하는 시간

55					
56					
57					
58					
59					
60					
61					
62					
63					
64					
65					
66					
67					
68					
69					
70					
71					
72					
73					

74					
75					
76					
77					
78					
79					
80					
81					
82					
83					
84					
85					

미래 자서전 제목과 목차 설계하기

미래 자서전 제목 짓기

어떤 작품이든 제목은 중요합니다. 미래 자서전을 쓸 때도 제목에 신경 써야 합니다. 제목이 바로 자신의 꿈과 관련되어 있기 때문입니다.

미래 자서전 제목을 정할 때는 최대한 자신의 꿈과 연결되도록 지으면 좋습니다. 그러면 책 제목을 생각할 때마다 자신이 살아가고 이루어야 할 미래가 마음에 그려져 그 꿈을 이룰 수 있는 확률이 높아집니다.

다음은 모두 자신의 꿈과 연결 지어 정한 미래 자서전 제목들입니다. 이를 참고해 자신만의 미래 자서전 제목을 정해 보세요.

꿈	미래 자서전 제목
생명 공학자	난치병을 해결한 생명 공학자
정형외과 의사	마음까지 치유하는 사랑의 의사
로봇 공학자	로봇 공학자, 희망의 로봇을 만들다
초등학교 교사	사랑으로 키운 나무는 아름다운 열매를 맺는다
중학교 국어 교사	배움의 즐거움을 느끼게 하다
간호사	존재하는 것만으로 힘이 되는 사람을 꿈꾸다
역사 교사	역사의 의미를 묻다
가구 디자이너	진심을 디자인하다
아나운서	삶의 의미를 묻는 젊은이의 초상
외교관	세계를 하나로 묶는 외교의 마술사
역사학자	역사 나무 치료사 80년 인생사
건축가	나 자신을 건설하다
프로 낚시인	낚시가 내 인생을 낚았다
태권도 선수	태권도 선수, 전문 경영인이 되다

나의 미래 자서전 제목은?

목차 설계하기

일생 고공표가 인생 전체를 조망해 볼 수 있는 지도라면, 목차는 책을 완성할 수 있도록 이끌어 주는 설계도와 같습니다. 수많은 삶의 이야기 중에서 어떤 내용을 추려 내 글로 쓸 것인지를 결정하는 과정이지요. 설계도인 목차가 탄탄하면 내용의 중복을 피할 수 있고, 어떤 내용을 중점적으로 풀어내야 할지 파악할 수 있습니다.

목차가 짜임새 있게 갖추어지면 미래 자서전 쓰기의 절반은 완성된 것입니다. 목차에 따라 이야기를 덧입히기만 하면 되니까요. 목차를 구성할 때는 반드시 꿈이 이루어지는 과정을 중심으로 해야 합니다. 시기별로 꿈을 어떻게 이루며 살아갈 것인지 살펴서 목차를 구성해 보세요.

그래도 목차 완성이 어렵다면 앞에서 소개한 실행 질문 목록을 참고하는 것도 좋습니다. 실행 질문 목록은 미래 자서전에 꼭 담아야 할 내용을 엄선해 놓은 것이기 때문입니다. 이를 분석해서 자신이 풀어내고 싶은 이야기를 간추려 목차를 구성하면 됩니다.

다음 표는 제가 미래 자서전 수업을 진행할 때 학생들에게 제시하는 예시입니다. 이것을 기본으로 해서 목차를 구성해 보세요. 더 좋은 방법이 있다면 자신만의 목차를 만들어도 좋습니다.

또래 청소년들의 미래 자서전을 모방해서 목차를 만드는 것도 추천합니다.

『공룡 박사 김도현, 한국에 쥬라기 공원을 만들다』의 연대기 중심 목차

플롯	시기	주제	목차(제목) 정하기
발단	유아기	생명의 탄생	세상에 모습을 드러낸 내 이름 세 글자
			동생의 흉터
			나에게 사랑을 실어 주었던 사람들
			나의 성격을 알려 준 일
			세 살 버릇 여든까지 간다
	유년기	꿈과 비전을 가지다	학교 냄새
			풀숲을 헤치며
			나의 꿈을 결정한 공룡 책 한 권
			나의 꿈을 설계해 주신 분
			가장 소중했던 날
	소년기	꿈의 준비	중학교도 초등학교랑 같네
			질긴 인연
			공룡이냐, 역사냐
			물놀이 충격
			우리 집이 최고야

전개	청소년기	꿈을 향해	첨단 기술로 선진국 대열에
			불가능은 없다
			영어 공부하기 싫어요
			마음이 따뜻한 진실한 친구
			비운만큼 채운다
	청년기	비전 성취 1단계	나는 마음씨 착한 여자랑 결혼할 거야
			할 수 없냐, 할 수 있냐
			20대가 나에게 준 선물
			공룡들의 거대한 뼈대
			한국지질자원연구원에 들어가다
위기	중년기	꿈과 비전을 실현하다	값진 승리는 희생에서 나온다
			꿈이 아니라 현실로
			장수의 여섯 가지 능력
			파괴되어 가는 자연
			사랑하는 자녀들
절정	장년기	비전을 성취하다	티라노의 화석
			집필가가 되어
			고조선, 고구려, 발해 모두 우리 역사
			건강하게, 착하게, 비전을 가지고
			끝까지 효도할래요
대단원	노년기	인생을 정리하며	영향력을 발하라
			자랑스러운 나의 조국, 대한민국

			영원한 사랑
대단원	노년기	인생을 정리하며	조용히 뒤로 물러나며
			인생을 정리하며
부록	독서 감상문, 꿈의 목록, 나는 꿈이 있습니다 목록 등 수록		

_____의 목차

플롯	시기	주제	목차(제목) 정하기
발단	유아기		
	유년기		
	소년기		

발단	소년기	
전개	청소년기	
	청년기	
위기	중년기	
절정	장년기	

대단원	노년기				
부록					

TALK

선생님, 질문 있어요!

Q 학생

미래 자서전을 쓰고 있는데요. 현재 나이를 기준으로 과거, 현재, 미래의 모습 중에서 어느 부분에 더 중점을 두고 쓰면 좋을까요?

A 선생님

과거, 현재, 미래를 균등하게 풀어내면 가장 이상적이 겠지요. 그럼에도 어느 시기가 중요하냐고 묻는다면, 저는 과거를 자세히 살피라고 말씀드리고 싶어요. 과거를 제대로 알아야 현재를 이해하고, 그것을 토대로 미래를 효과적으로 설계할 수 있으니까요.

오늘의 모든 해답은 과거에 숨겨져 있답니다. 탐정이 되었다고 생각하고 과거로 여행을 떠나 보세요. 과거에서 오늘 내 생각과 마음, 행동의 근원을 살핀 후 타임머신을 타고 미래로 여행하기를 추천합니다.

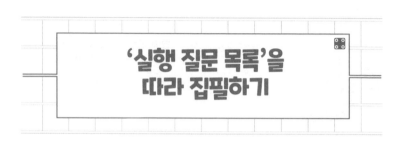

'실행 질문 목록'을 따라 집필하기

제목과 목차가 정해졌다면 이제는 실전 글쓰기입니다. 완성된 목차에 따라 미래 자서전을 풀어 가는 것입니다. 글쓰기 준비 운동에 관련된 메시지를 기억하고, 글을 완성하는 기술을 덧입혀 써 나가면 됩니다.

그래도 어떻게 미래 자서전을 풀어내야 할지 모르는 청소년들이 있을 것 같아 실행 질문 목록을 수록합니다. 이 목록은 미래 자서전에 꼭 담겨야 할 내용을 간추린 것입니다. 실행 질문 목록대로 글을 전개하면 어렵지 않게 미래 자서전을 완성할 수 있습니다.

아래 질문은 '나를 알아가고 미래를 설계하는 질문 목록'에서

발췌한 것입니다. 하나의 꼭지를 이룰 만한 요소들을 묶어서 꼭 써야 할 것들을 분류해 놓았습니다.

실행 질문 목록에서 각 시기별로 부여된 번호의 글로 한 꼭지를 구성하면 됩니다. 한 꼭지의 분량은 A4 용지 기준 10포인트로 1페이지 정도 쓰면 좋습니다. 그러면 200페이지 전후의 책으로 완성할 수 있습니다.

실행 질문 목록에 있는 모든 질문에 대한 글을 쓰지 않아도 괜찮습니다. 또한 질문에는 없지만 자신만의 특별한 경험이나 풀어내고 싶은 이야기가 있다면 얼마든지 추가해 적어도 좋습니다. 차별화된 미래 자서전이 될 수 있으니까요.

이제부터 본격적으로 각 시기별 실행 질문 목록을 참조해 미래 자서전 여행을 떠나 볼까요? 누구도 흉내 낼 수 없는 자신만의 미래 자서전을 완성한다는 생각으로 써 보세요.

실행 질문 목록

유아기 (출생부터 초등학교 입학 전까지)

유아기에 관한 글을 쓸 때는 부모님의 도움을 받아야 합니다. 태몽이나 어린 시절 이야기는 스스로 기억할 수 없으니까요. 질문 목록을 토대로 조부모님, 부모님, 가족들의 증언을 듣고 글을

써 보세요. 그러는 동안 가족들과 소원해졌던 관계가 회복되기
도 합니다.

1. 내가 태어난 곳의 환경(시대적·사회적·자연적 배경)은 어떠했는가? 내가 태어
   날 당시 가정 환경(부모님의 사상, 집안 분위기 등)은 어떠했는가? 태몽은 무
   엇이었으며, 엄마가 나를 임신했을 때 특별한 일이 있었는가?

----

2. 나의 집안(가문)은 어떠했는가? 집안(가문)의 특별한 자랑거리가 있는가? 지
   금의 내가 있기까지 집안 내력은 무엇이 있는가?

----

3. 어린 시절을 생각할 때 가장 먼저 떠오르는 기억은 무엇이며, 가장 슬펐던 일
   이나 기뻤던 일은 무엇인가? 그 이야기가 기억에 남은 이유는 무엇인가?

----

4. 어린 시절에 가장 좋아했거나 존경한 인물은 누구였는가?(부모님, 선생님, 친
   척, 친구, 이웃, 위인, 책 속의 인물 등) 그 사람을 좋아하게 된 결정적인 이유
   는 무엇이며, 그 사람의 어떤 면을 좋아했는가? 그 사람으로 인해 어떤 변화

가 일어났는가?

----

5. 어린 시절 나의 성격은 어떠했는가? 그런 성격은 어떻게 형성된 것이라고 생각
   하는가? 어릴 때의 성격이 성장하면서 어떤 영향을 주었으며, 성격 변화가 있
   었다면 그 이유는 무엇인가? 달라진 면이 없다면 자신의 성격에 만족하는가?

----

6. 특이한 버릇이나 습관(좋은 습관, 나쁜 습관)이 있었는가? 그러한 습관이 생
   긴 이유는 무엇이며, 습관이 형성되는 데 영향을 주었던 것들은 무엇인가?

----

7. 주위 사람들로부터 어떤 사람이 될 것이라는 이야기를 많이 들었는가? 당시
   나의 꿈은 무엇이었으며, 왜 그런 꿈을 가지게 되었는가?

유년기 (초등학교 시절)

　유년기는 청소년들이 가장 생생하게 기억하는 시기라 풀어낼 이야기가 풍성합니다. 사건을 쓰기보다는 일화 중심으로 풀어 가세요. 이 이야기가 펼쳐질 수밖에 없었던 전후 과정을 잘 살펴서 다섯 가지의 눈으로 보며 써 보세요. 혹시 기억이 잘 안 난다면 친구나 가족, 선생님에게 물어본 후 쓰는 것도 좋습니다. 마음 속 깊은 곳에 간직하고 있었던 가슴 아픈 가족사나 속상한 일도 가능하면 모두 표현해 보세요. 그래야 아픈 상처가 치유되고 자신이 원하는 삶을 살아갈 수 있으니까요.

1. 초등학교 입학할 때 느낌은 어떠했는가? 입학할 당시 학교 분위기, 마음가짐, 주변 환경, 첫 교실의 느낌은 어떠했는가? 가장 기억에 남은 선생님은 누구인가? 그 선생님으로부터 받은 영향은 무엇이며, 그로 인해 나의 생활에 어떤 변화가 생겼는가?

----

2. 가장 친했던 친구는 누구이며, 그 친구와 특별히 친해지게 된 계기는 무엇인가? 그 친구와 함께했던 시간 중 잊히지 않는 사건은 무엇인가? 그 친구의 성격은 어떠했으며, 어떠한 면이 가장 마음에 들었는가? 나에게 가장 영향을 많이 끼쳤던 친구는 누구이며, 나는 그들에게 어떤 친구였다고 생각하는가?

----

3. 초등학교 시절 나의 성격 중 장점과 단점은 무엇인가? 부모님이나 주변 사람들은 나의 성격에 대해 어떻게 이야기했고, 내가 생각한 나의 성격과는 어떤 차이가 있었는가? 그러한 성격이 형성된 배경은 무엇이고, 그 성격으로 인해 생긴 좋은 점이나 나쁜 점은 무엇인가?

----

4. 꿈과 관심사는 무엇이었는가? 돈이나 공부, 주변 환경에 상관없이 장래에 꼭 해 보고 싶었던 일은 무엇이며, 부모님이나 주변 사람들은 내가 어떠한 사람이 되기를 기대했는가? 또는 어떤 사람이 될 것이라고 말했는가? 그 말이 나에게 미친 영향은 무엇인가?

----

5. 가장 좋아하거나 존경한 사람은 누구인가? 그 사람의 어떤 점이 좋았고, 그 사람의 삶이 내 삶에 어떤 영향을 주었는가? 가장 감명 깊게 읽은 책은 무엇이며, 나의 생각과 생활에 변화를 준 중요한 만남이 있었는가?(책, 인물, 영화, 드라마 등)

----

6. 가장 기억에 남은 사건이나 후회되는 일, 감동받은 일, 마음 아팠던 일은 무엇인가? 초등학교 시절을 되돌아보면 가장 행복한 일은 무엇인가? 초등학교 시절 특별한 습관이나 버릇은 무엇인가? 그로 인해 어떤 일이 생겼는가?

----

7. 집안 분위기는 어떠했는가? 부모님과 갈등은 없었는가? 있었다면 주로 무엇 때문이었는가? 부모님은 나에게 어떤 기대를 했는가? 그 기대에 대해 나는 어떤 생각을 가지고 있었으며, 그것이 나의 생활에 어떻게 나타났는가?

소년기   (중학교 시절)

많은 청소년이 소년기 시절에 사춘기를 겪습니다. '중2병'에 걸렸다는 이야기를 듣기도 하지요. 그만큼 소년기는 우여곡절을 많이 겪는 시기입니다. 이때 가치관이나 삶의 태도에 많은 변화가 찾아옵니다. 따라서 다른 시기에 관한 내용을 적을 때보다 더 진정성 있게 쓰겠다는 마음이 필요합니다. 그래야 자신의 내면을 깊이 들여다볼 수 있고 자신이 누구인지, 앞으로 무엇을 해야 하는지 알 수 있기 때문입니다.

1. 중학교 시절은 초등학교 시절과 어떤 점이 달랐는가? 나의 신체는 또래들에 비해 어떠했으며, 그로 인해 받은 어려움은 무엇인가? 사춘기는 언제 겪었는가? 사춘기를 통해 깨달은 것은 무엇인가? 사춘기가 나에게 미친 영향은 무엇이라고 생각하는가?

----

2. 친하게 어울렸던 친구들의 특징은 무엇인가? 가장 친했던 친구는 누구이며, 그 친구와 특별히 친해지게 된 계기는 무엇인가? 친구들과 서로 주고받은 영향은 무엇인가? 친구들로 인해 나의 성격과 생활에 어떤 변화가 일어났는가?

----

3. 나에게 가장 많은 영향을 주었던 것은 무엇이며(부모님, 선생님, 친구, TV, 게임, 이성 친구 등), 그로 인한 결과는 어떠했는가? 가장 존경한 인물이나 역할 모델, 멘토로 삼고 싶은 사람은 누구였으며, 그 이유는 무엇인가? 나의 생각과 가치관에 변화를 주었던 것이나 감명 깊게 읽은 책은 무엇인가? 나의 삶을 변화시킬 만한 특별한 만남이 있었는가?

----

4. 꿈과 관심사는 무엇인가? 어떤 분야에 관심이 많았으며, 가장 하고 싶은 일은 무엇인가? 그 꿈을 품게 된 특별한 계기나 사건은 무엇인가? 진로나 미래에 대해 어떤 생각을 가지고 있는가?

---

5. 중학교 시절 나의 성격 중 장점과 단점은 무엇인가? 그 시절 새롭게 형성된 습관이나 버릇은 무엇이며, 그것이 나의 생활에 어떤 변화를 일으켰는가?

---

6. 가장 기억에 남은 사건이나 후회되는 일, 감동받은 일, 마음이 아팠던 일은 무엇인가? 중학교 시절에 가장 행복한 일은 무엇이었는가?

---

7. 집안 분위기는 어떠했는가? 부모님은 진로와 삶의 가치관에 대해 뭐라고 조언해 주었는가? 부모님과 진로에 관한 갈등은 없었는가? 있었다면 주로 어떤 점이었으며, 그것이 나의 생활에 어떻게 나타났는가? 학업 성취도는 어느 정도였는가?

청소년기 (고등학교 시절)

청소년기는 독립적인 자아 정체성이 형성되는 시기입니다. 이 시기에는 가족과 대립을 겪기도 하고, 친구 관계에 변화가 찾아오기도 합니다. 대학 입시를 앞두고 자기 인생에 대해 깊이 탐구하기도 하지요. 이때는 특별히 긍정적인 태도가 필요합니다. 성적이나 성격, 가정 환경 등으로 불안을 느끼거나 부정적 사고에 사로잡힐 수 있기 때문입니다. 삶을 긍정적으로 대하면 앞으로의 인생도 좋은 방향으로 변할 것이라는 기대를 가지고 이야기를 풀어 보세요.

1. 고등학교 시절이 이전의 삶과 다르다고 느낀 부분은 무엇인가?(정신적·육체적인 면, 미래 설계, 관점·가치관·인생관의 변화, 친구들과의 관계, 행동반경 등)

----

2. 내가 추구하는 인생의 근본적인 목표는 무엇이었는가? 고등학교 시절 가장 큰 관심사는 무엇이었는가? 그것이 삶에 어떤 영향을 주었는가? 부모님이 바라는 나의 진로와 내가 추구하는 인생 목표 사이에 갈등은 없었는가? 갈등이 있었다면 그 문제를 어떻게 해결했는가?

----

3. 멋지다고 생각한 인물이나 존경한 인물, 역할 모델로 삼은 인물은 누구인가?
   그 사람의 어떠한 면이 마음에 들었는가? 그 사람을 통해 내가 받은 영향은 무
   엇인가?(책, 영화 속 인물도 포함)

   ----

4. 나의 성격 중 장점과 단점은 무엇인가? 지금까지의 성격과 달라진 점이 있는
   가? 친구들과 주변 사람들은 나의 성격에 대해 무엇이라 말했는가? 그러한 성
   격이 형성된 배경은 무엇인가?

   ----

5. 어떤 친구들과 어울려 다녔으며, 그들과 어울린 이유는 무엇인가? 그 친구들
   은 나의 어떤 점을 좋아했는가? 그들이 나의 삶에 어떤 영향을 주었다고 생각
   하는가?

   ----

6. 청소년기를 보내면서 가장 힘들었던 점은 무엇인가? 그것이 나의 삶에 어떤
   영향을 끼쳤고, 어떻게 극복해 나갔는가? 가장 기억에 남은 일과 안타까웠던
   일은 무엇인가? 고등학교 시절을 한마디로 이야기한다면 무엇이라 말할 수
   있는가?

청년기   (대략 20~35세)

청년기는 꿈과 비전을 성취해 나가는 데 있어서 매우 중요한 시기입니다. 인생의 비전을 이루어 나가기 위해 대학교에서 전공 공부를 하고, 직장에서 사회생활을 시작하지요. 창업을 꿈꾸는 사람들은 사업의 길을 걸어가고 있을 것입니다. 결혼해 가정을 이루기도 합니다. 즉, 인생의 획을 긋는 일들이 많은 시기지요.

이 시기부터는 상상력을 동원해 써야 합니다. 비전 선언문, 일생 고공표, 제목과 목차를 바탕으로 상상의 나래를 펴 보세요. 자신이 살아가고 싶은 시간과 장소, 소리와 냄새, 색깔과 감촉, 주변 환경 등을 구체적으로 상상해 적도록 합니다.

직장 생활에 관한 내용을 적을 때는 구체적인 직위나 역할도 실감나게 써 보세요. 창업도 다르지 않습니다. 어떤 과정을 거쳐서 회사를 창업했고, 운영과 경영은 어떤 식으로 해 나갔는지 자세히 적어 보세요. 이때도 긍정적으로 생각하며 써야 합니다. 지금 쓰고 있는 미래 자서전이 반드시 현실이 될 것이라는 신념을 가지고 글을 풀어내 보세요.

1. 대학에서 내가 원하는 꿈과 관련 있는 공부를 했는가? 아니라면 그 이유는 무엇인가? 대학 생활은 전반적으로 어떠했는가?(학교의 첫 느낌, 강의, 전공 공부, 동아리, 축제, 아르바이트, 여행, 졸업 논문 등) 군대에 갔다면 군대 생활은 어떠했는가?(기억에 남은 일화, 어렵고 힘들었던 점, 깨달은 점, 생각의 변화 등)

----

2. 첫 직업과 직장은 무엇인가? 어떤 일을 했는가? 직장 내 인간관계, 연봉 등 만족도는 어떠한가? 직장 생활의 가장 큰 기쁨과 보람, 어려운 점은 무엇이었는가? 어렸을 때의 꿈과 비교해 보면 직장 생활은 어떠했는가? 일에서나 개인적인 삶에서 가장 큰 사건은 무엇인가? 내가 생각할 때 나의 전성기는 언제, 무엇을 하고 있을 때였는가? 그렇게 생각한 이유는 무엇인가?

----

3. 가장 중요하다고 여긴 삶의 가치는 무엇인가? 가장 힘들었던 일이나 기뻤던 일은 무엇인가? 기억에 남은 일이나 후회되는 일은 무엇인가?(인간관계, 가치관의 추구와 현실의 괴리, 정체성, 주변 환경, 꿈과 비전의 실현, 이성과의 만남, 직장 생활이나 비즈니스, 결혼 생활과 자녀 문제 등)

----

4. 결혼에 대해 어떤 생각을 가지고 있었는가? 배우자 선택의 기준은 어떠했는가? 결혼은 누구와 어떻게 했는가?(만남, 결혼 과정, 신혼 생활 등) 자녀는 언

제 태어났는가? 아이가 태어날 때 느낌은 어떠했는가? 어떤 부모가 되기를 원했는가? 자녀를 키우면서 전반적으로 어떤 느낌이 들었는가?

----

5. 나에게 가장 큰 영향을 준 사건은 무엇인가? 그에 따른 결과는 무엇인가? '그때 ~했다면 나의 인생이 달라졌을 것'이라고 생각되는 점이 있다면 무엇인가?

----

6. 청년기에 새롭게 꿈꾸었던 삶의 가치나 비전은 무엇인가? 나는 주변에 어떤 영향력을 행사하고 있었는가? 나의 꿈을 이루어 가는 만족도는 어느 정도였는가?

중장년기   (대략 35~65세)

중장년기는 꿈이 성취되고 영향력 있는 삶을 사는 시기입니다. 자신의 꿈을 어떻게 완성시키고 어떤 열매를 맺었는지를 중심으로 적어 보세요. 중장년기는 기간이 가장 긴 시기입니다. 따라서 40대, 50대, 60대로 구분해서 꿈의 성취 정도를 풀어내는 것도 좋습니다.

또한 중장년기는 인생의 의미에 대해 다시 점검하고 변화가 일어나는 시기입니다. 호르몬의 변화가 일어나 제2의 사춘기를 겪는 시기이니 이런 특성을 고려해 글을 써 보세요. 이때도 긍정적인 사고는 필수입니다.

1. 나의 꿈과 비전은 어느 정도 성취되었는가? 직업과 직무 만족도는 어떠한가? 어렸을 때의 꿈과 현재의 모습은 어떤 차이가 있는가? 함께 일하는 사람들은 어떤 성향을 지녔으며, 서로에게 어떤 영향을 주고 있는가? 당시 내가 가장 원했던 일과 열정을 쏟았던 일은 무엇인가?

----

2. 가족 관계(배우자와 자녀)는 어떠했는가? 배우자의 모습과 성품은 어떠했으며, 나는 배우자에게 어떠한 영향을 미쳤는가? 당시 자녀들의 상황은 어떠했는가?(성장 환경, 학업, 직업, 인격 등 시기별로 정리)

----

3. 가장 힘들었던 일이나 기뻤던 일, 후회되는 일은 무엇인가? 인간관계, 꿈의 성취, 가족, 직업 등에서 가장 우선에 두었던 일과 자신의 힘으로 해결해야 했던 어려움은 무엇인가? 인생에서 가장 큰 과제는 무엇인가? 인생 전체를 놓고 볼

때 가장 좋았던 때는 언제이며, 왜 그렇다고 기억하는가?

----

4. 주변 사람들은 나를 어떻게 생각하고 있으며, 자녀들에게 나는 어떠한 부모였
   는가? 가장 가까웠던 사람이나 친구는 누구였는가? 인생에서 가장 의미 있었
   던 사람은 누구인가? 나는 주변과 사회에 어떤 영향을 끼쳤는가?

----

5. 어떤 일을 성취했다면, 또는 어떤 것을 놓치지 않았다면 나의 인생이 달라졌
   을 것이라고 생각하는가? 아무런 제약이 없다면 꼭 해 보고 싶었던 것은 무엇
   인가? 가장 중요하게 여겨 온 가치는 무엇인가? 내가 이룬 업적 중에 가장 자
   랑스러운 것은 무엇인가?

----

6. 영향을 받았던 사람이나 스승은 누구인가? 나의 일생을 지배해 온 사람이나
   사건은 무엇이며, 그것들이 삶에 어떻게 나타났는가? 인생에서 특별한 전환
   점이 되었던 사건은 무엇인가? 청소년들에게 꼭 전해 주고 싶은 삶의 가치나
   교훈은 무엇인가?

----

7. 지금까지 한 경험 가운데 가장 자랑스러운 것과 만족스러운 것, 가치 있는 일은 무엇인가? 가장 소중하게 생각하고 살았던 것과 감사한 것은 무엇인가?

노년기 (대략 65세 이후)

노년기는 삶을 정리하는 시기입니다. 숨 가쁘게 달려온 인생을 마감하는 기간이지요. 이 시기에 관한 글을 적다 보면 기쁨과 감동, 후회 등 여러 가지 감정이 주마등처럼 스쳐 지나갈 것입니다. 이런 감정의 변화를 놓치지 말고 적어 보세요. 그러면 청소년기를 살고 있지만 인생의 마무리 시점의 감정들을 느낄 수 있을 테니까요. 인생을 최대한 멋지고 아름답게 마무리하겠다는 생각으로 적도록 합니다. 유언장도 꼭 적어 보세요.

1. 인생을 되돌아볼 때 가장 성공했다고 생각하는 것과 가장 후회되는 것은 무엇인가? 다시 되돌리고 싶은 것이 있다면 무엇인가? 다시 한번 생을 살 수 있는 기회가 주어진다면 도전해 보거나 시도해 보고 싶은 것은 무엇인가?

----

2. 인생에서 가장 행복했던 시간은 언제였는가? 어떤 점에서 행복했다고 생각하는가? 지금까지의 삶에서 마음 깊이 와 닿는 성스러운 순간은 언제였는가?

----

3. 일생 동안 가장 가치 있는 일이었다고 생각하는 것은 무엇인가? 누군가 "인생을 어떻게 살면 되나요?"라고 묻는다면 들려주고 싶은 말은 무엇인가? 나는 원하는 삶을 살았다고 생각하는가?

----

4. 다시 시작한 일이나 공부하고 있는 것은 무엇인가? 있다면 그 용기나 결단은 어디서부터 비롯되었다고 생각하는가? 진행 상황은 어떠한가?

----

5. 인간관계는 어떠했는가?(가족 관계, 사회적 관계) 친구, 동료 등이 나의 삶에 끼친 영향과 내가 그들에게 미친 영향은 무엇인가?

----

6. 내가 이루고자 했던 꿈과 비전의 성취 정도는 어떠한가? 그로 인해 가족과 사회, 나라와 세계에 어떤 영향을 미쳤는가? 꿈과 비전의 성취 과정에서 후회되

는 것이나 자랑스럽게 생각하는 것은 무엇인가? 추구했던 이상과 현실 속에서 얼마나 큰 괴리를 느꼈는가?

----

7. 배우자와의 관계는 어떠한가? 자녀들에게 소망하는 것이 있다면 무엇이며, 지금 자녀들의 모습은 내가 바라는 모습에 얼마만큼 가까이 다가가 있는가? 아니면 아주 다른 방향에서 스스로의 길을 가고 있는가? 가족들이 어떠한 모습으로 삶을 엮어 나갔으면 좋겠는가?

----

8. 나의 묘비에 어떤 글이 새겨지기를 바라는가? 자녀들에게 꼭 물려주고 싶은 것이 있다면 무엇인가? 마지막으로 가족들에게 남기고 싶은 것을 유언장으로 정리하라.

TALK

선생님, 질문 있어요!

Q
학생

미래 자서전을 써 보기로 결심했어요. 이왕 시작했으니 잘 써 보고 싶은데, 특별한 기술이 있다면 알려 주세요.

A
선생님

글은 꾸준히 쓰는 것이 가장 중요합니다. 쓰다 보면 반드시 늘게 되어 있으니까요. 또 자신의 글을 평가하지 않는 것도 필요합니다. 평가를 하게 되면 대개 부정적으로 끝나는 경우가 많거든요.
좋은 글이 어떤 것인지도 알면 도움이 되겠지요? 그래서 좋은 책을 읽어 보기를 권합니다. 유난히 잘 읽히고 감정 이입이 잘 되는 책을 골라 모방해 보세요. 이런 노력이 담기면 분명 멋진 미래 자서전을 완성할 수 있을 것입니다.

완성된 원고는 반드시 책으로 만들어라

지금은 이야기 시대입니다. 이야기를 생산하는 사람이 앞서가고 주목받는 시대지요. 특히 웹 사이트에서 자신만의 독창적인 콘텐츠로 이야기를 만들어 내면 독자들이 클릭하며 소비해 줍니다. 이제는 'K-Story' 시대가 열린 것입니다. 자신만의 창의적인 이야기를 만들어 내면 다양한 매체에서 제2의 생산물로 확장해 갑니다. OTT 드라마, 영화 등을 통해 전 세계로 퍼져 가지요.

미래 자서전은 세계 어디에도 없는 자신만의 이야기입니다. 지나온 삶을 더듬어 솔직하게 자신을 표현하고, 앞으로 살아갈 삶을 디자인해서 그 꿈이 이루어진 것처럼 씁니다. 그야말로 누구도 흉내 낼 수 없는 자신만의 이야기지요. 이렇게 소중한 이야기를 파일로 묵혀 두거나, A4 용지로 인쇄만 해 두면 그 가치를 인정받지 못합니다. 누가 봐도 인정할 수 있는 결과물로 만들어 두어야 훗날 자신만의 콘텐츠로 활용할 수 있습니다.

미래 자서전은 ISBN 코드를 부여해 책으로 완성해야 그 가치를 더욱 인정받을 수 있습니다. ISBN International Standard Book Number은 세계적으로 쏟아져 나오는 방대한 양의 서적을 체계적으로 분류하기 위해 국제적으로 정한 국제 표준 도서 번호입니다. ISBN 코드를 검색하면 어느 나라의 어느 출판사에서 책을 만든 것인지 세계 어디서나 알 수 있습니다.

김도현은 초등학교 5학년 때 쓴 미래 자서전 덕분에 전남대 허민 교수를 만나고, 서울대학교 대학원까지 진학할 수 있었습니다. 그 책은 앞으로의 삶에도 개입해 좋은 쪽으로 변화를 일으킬 것입니다. 이렇듯 한 권의 미래 자서전은 자신만의 콘텐츠가 되어 삶을 변화시키는 매개체가 됩니다. 그래서 책으로 완성해 두어야 하지요.

미래 자서전을 책으로 완성해 두면 좋은 점이 또 있습니다. 주변 사람들에게 인정받는 사람이 될 수 있다는 점이지요. 책 한 권을 쓰는 일은 쉽지 않습니다. 성인이 되어도 주변에서 책 쓴 사람을 찾아보기 힘듭니다. 그래서 책을 쓰면 주변 사람들이 다른 시각으로 바라봐 줍니다.

청소년 때 쓴 미래 자서전도 책으로 만들어 두면 친구들이나 선생님, 가족들, 이웃들에게 인정을 받을 수 있습니다. 칭찬과 격려의 말을 듣다 보면 자신감이 충만해집니다. 어떤 것도 해낼 수 있다는 생각이 들어서 도전하고 성과를 만들어 갑니다. 대학 진학과 취업에도 잘 활용하면 좋은 결과가 생길 수 있으니 꼭 책으로 만들어 두기를 바랍니다.

TALK

선생님, 질문 있어요!

Q 학생

미래 자서전을 완성한 후에는 어떤 활동을 하는 것이 좋을까요?

A 선생님

예술이나 운동 영역이 꿈이라면, 그 분야에 참여해서 실력을 가꾸어야 하겠지요. 공부를 열심히 해야 하는 분야라면 학습법을 연구하고 자신에게 맞는 공부법을 찾은 후 공부를 시작할 것을 권합니다. 한 분야를 깊이 탐구해야 한다면 소논문을 쓰는 것도 추천해요. 자신이 관심 있는 분야의 책을 30여 권 정도 읽고 정리하면, 전문가적인 식견을 갖출 수 있거든요.

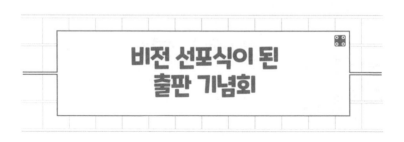

비전 선포식이 된
출판 기념회

꿈을 마음에 품고 있는 것과 입으로 선포하는 것에는 큰 차이가 있습니다. 심리학 교수인 스티븐 헤이스 박사의 연구를 통해 그 의미를 살펴볼 수 있습니다.

그는 자신의 꿈을 공개적으로 표현할 때 나타난 효과를 연구했습니다. 학생들을 세 그룹으로 나누어, 첫 번째 그룹은 수업에서 받고 싶은 목표 점수를 다른 학생들 앞에서 공개하게 했습니다. 두 번째 그룹은 목표 점수를 마음속으로만 생각하게 했지요. 세 번째 그룹은 목표 점수에 대해 어떤 요청도 하지 않았습니다. 그 후 시험을 치렀는데 실험 결과는 놀라웠습니다.

목표를 공개한 첫 번째 그룹은 다른 두 그룹보다 높은 점수를 받았습니다. 목표를 마음에만 간직했던 두 번째 그룹은 어떤 요청도 하지 않은 세 번째 그룹과 별 차이가 없었지요. 꿈을 공개하고 공유하는 것이 탁월한 효과를 거둔다는 사실이 증명된 것입니다.

사회학자인 로버트 머튼도 공개 선언의 효과를 연구로 증명했습니다. 그는 자신의 모습을 현재형으로 언어화해서 선언하면 꿈이 이루어진다고 말합니다. 꿈을 언어화해서 반복적으로 마음에 심으면 언젠가는 그 꿈이 이루어진다고 강조하지요.

가장 강력하게 영향을 주는 말은 자신이 남에게 한 말이라고 합니다. 그다음은 자기 자신에게 한 말, 마지막은 다른 사람이 자기에게 한 말이라고 합니다. 그런 의미로 볼 때 출판 기념회는 매우 중요합니다. 저자가 다른 사람들에게 자신의 인생 비전을 선포하는 자리이기 때문입니다. 저자가 소중한 사람들 앞에서 선포한 말은 살아가면서 그의 행동에 영향을 줄 것입니다. 그래서 미래 자서전을 완성한 후 출판 기념회를 반드시 열어야 합니다.

저는 출판 기념회를 통해 학생들이 써 놓은 비전 선언문을 선포하도록 이끕니다. 그리고 소감을 이야기하게 합니다. 소감을 들은 참여자들은 학생들이 말을 너무 잘 한다며 칭찬이 자자합니다. 가상의 공간에서 한평생을 살면서 느낀 성찰 덕분에 여느 청소년들의 언어와 다르기 때문이지요. 그 내용을 들은 사람은 저자가 꿈을 이루어 가는 과정의 증인이 됩니다. 저자는 주위 사람들의 시선을 의식해 생활을 바르게 하고, 삶에 열정을 쏟아붓는 계기를 마련합니다. 인생을 변화시키는 선순환의 고리가 완성되는 것입니다.

출판 기념회에 참석한 부모는 선물을 준비하면 좋습니다. 유대인은 성인식(남자 13세, 여자 12세) 때 성경과 시계, 축의금을 선물합니다. 성경은 신 앞에 부끄럽지 않게 살라는 의미, 시계는 시간을 소중히 사용하라는 의미입니다. 축의금은 보통 20~30만 원 정도 줍니다. 이 축의금은 아이들이 주식, 펀드, 예금 등으로 활용해 경제적 자립의 토대로 삼습니다. 우리도 출판 기념회를 통해 유대인과 같은 문화를 정착시키면 좋을 것입니다. 평생 잊을 수 없는 추억을 선물받고 경제 개념도 익힐 수 있기 때문입니다.

출판 기념회에서는 사인회도 함께 진행하면 좋습니다. 초청한 사람들에게 저자의 사인이 담긴 책을 선물하며 많은 관심과 격려, 충고를 부탁합니다. 그렇게 지인들에게 책을 선물하면 그들의 시선을 의식하며 바른 인생을 살기 위해 노력합니다. 이렇듯 출판 기념회는 저자가 어깨를 펴고 자신이 원하는 삶을 살아가는 데 토대가 되어 줍니다. 꿈을 향해 멋지게 비상할 수 있는 시작점 역할을 하는 것이지요.

오늘의 태도는
미래의 자기 경쟁력이다!

『탈무드』를 통해 인생을 바꾸는 삶의 태도를 배워라.

태도의 힘 | 임재성 지음

우리 삶의 모든 것은 태도로 결정된다.
태도는 청소년 시기에 가장 중점을 두고 준비해야 한다.

청소년 시기에 준비해야 할 것은 무엇일까? 가장 중점을 두고 준비해야 하는 것은 '태도Attitude'이다. 태도는 인생을 대하는 자세를 의미한다. 현실의 문제나 앞으로 살아갈 삶에 대해 '어떻게 할 것인가'라는 자신의 마음이다. 태도는 한 사람의 인생을 결정짓는 중요한 역할을 한다.

격변하는 4차 산업혁명 시대를 앞둔 십대,
자신을 지킬 삶의 무기를 준비하라!

십대, 4차 산업혁명을 이기는 능력 | 임재성 지음

4차 산업혁명 시대에 맞설 다섯 가지 능력

#질문의 힘   #생각의 힘   #쓰기의 힘   #창조의 힘   #태도의 힘

> **"인공지능과 첨단 기술의 입지가 나날이 늘어가는 현재,
> 우리는 어떤 자세로 미래를 맞이해야 할까?"**

아무리 예측이 불가능하고 불안한 시대가 다가와도 그것을 이겨낼 능력이
준비되어 있다면 더 이상 불안에 떨지 않을 것이다. 오히려 자신의 능력을
마음껏 펼칠 수 있는 기회를 기대하게 될 것이다.

- 작가의 말에서

십대, 나를 위한 진로 글쓰기

ⓒ 임재성, 2023

초판 1쇄 발행일 | 2023년 9월 5일
초판 2쇄 발행일 | 2024년 4월 20일

지은이 | 임재성
펴낸이 | 사태희
편집인 | 최민혜, 안주영
디자인 | 홍성권
마케팅 | 장민영
제작인 | 이승욱, 이대성

펴낸곳 | (주)특별한서재
출판등록 | 제2018-000085호
주 소 | 08505 서울특별시 금천구 가산디지털2로 101 한라원앤원타워 B동 1503호
전 화 | 02-3273-7878
팩 스 | 0505-832-0042
e-mail | specialbooks@naver.com
ISBN | 979-11-6703-086-3 (44080)
         979-88912-13-1 (세트)